Spicker — Die Meldungen im Einzelnen

Friedemann Spicker

Die Meldungen im Einzelnen

Aphorismen und Notate 2012–2022

Königshausen & Neumann

Bibliografische Information der Deutschen Nationalbibliothek

Die Deutsche Nationalbibliothek verzeichnet diese Publikation in der Deutschen Nationalbibliografie; detaillierte bibliografische Daten sind im Internet über http://dnb.d-nb.de abrufbar.

Gedruckt auf säurefreiem, alterungsbeständigem Papier
Lektorat: Dr. Angelika Spicker-Wendt
Umschlag: skh-softics / coverart
Umschlagabbildung: Werner Seltier

Printed in Germany

ISBN 978-3-8260-7912-2

www.koenigshausen-neumann.de
www.ebook.de
www.buchhandel.de
www.buchkatalog.de

... im Ganzen aber für A.

Wenn ich Fenster einwerfe, so geschieht es
immer mit Drei-Groschenstücken.
Georg Christoph Lichtenberg

Man denkt darüber und versteht darunter.
Elazar Benyoëtz

Inhalt

2012

22. 1.

Nicht *kaufen* sollst du es dir, du sollst es dir „*sichern*".

11. 2.

Der Bettlägerige und sein Besucher:
niemals auf Augenhöhe.

In seinen Vorstellungshorizont heben:
mit Mühe das Sterben, den Tod nicht.

19. 2.

An den Mast gebunden.

Das Flüchtige als das Wesentliche.

Veluziferisch.

Die Angst vor dem Verbauern.

Der Beschlagname.

5. 3.

Sylt: In der zeitgenössischen Bebauung bildet sich Gier ab. „Keine Wendemöglichkeit."

Kampen im März. Wo Thomas Mann „ehrenhaft fruchtbar" wurde und wo – am Fennenweg – „nicht die kleinste Lüge" (A. Springer) wohnt.

Deutschland, deine Komposita:
Vergnügungsanpassung.

Vokabelnlernen: Badebuchhandlung, Salzedition.

12. 3.

Der dünne Firnis der Zivilisation:
Es braucht nicht viel Krise, und er bricht auf.

Per Fahrrad durch die Uni:
Daimler greift Brain ab.

Weil man eben nur als künftig zu
Verspeisendes hineingelangt „in Teufels Küche".

5. 4.

Alternativen zur Alternativlosigkeit von „viel und
groß" (von der Operation bis zur Supermarktfläche)
entwickeln!

Immer antwortet es nicht, und ich weiß gar nicht,
dass ich das Script gefragt hätte.

22. 4.

Überfüttert mit Werten.
Ab in die Unterhaltungswertstofftonne.

Er übt Nachsicht. Wie Violine im zweiten Jahr.

29. 4.

Holkenrath lebte längst und ungemach,
bis er über den Anfang zu staunen begann.
Er lachte sich ins Fäustchen über dieses Diminutiv.
Dann ging er deines Wegs. Sieh da, ins Wasser!

Horlemann verrannte sich in einen Zellkörper.

Tauschbörse. Menningstedt war so verarmt, dass ihm dieser Titel zu einer Geschichte verlockend vorkam.

Der Stillstand war Finkenborns Laufmasche.

2. 5.

Zum Tag der Arbeit: „Aktivitätskennzahl" täglich;
zur Leistungssteigerung „Leidensdruck induzieren";
„den Change in die DNA implementieren".
Den Kostenfaktor Mensch in absolute Messbarkeit überführen.

Die Garten-Schule des Sehens. Dann auch: Die Mühe direkt proportional der Freude.

18. 5.

Die „Schere", die mir desto mehr in Herz und Hirn schneidet, je mehr sie sich öffnet (und dass dieses Bild jeder Beschreibung spottet, ist das geringste Übel): Mitte der 90-er erhalten Vorstände 14-mal so viel wie ein durchschnittlicher Arbeitnehmer, 2012 das 50-fache, im Extrem das 190-fache.

26. 5.

Die Hummel auf der Terrasse, auf dem Rücken, hilflos strampelnd, der atmend auf- und niedergehende Leib. Ins Gras gesetzt; jetzt kämpft sie sich kraftlos durch einen Dschungel. Starker Symbolblick. Tat twam asi.

3. 6.

Kulturnachrichten

„Europa bereitet sich auf den Eurovision Song Contest vor." (Zeit, 31. 5., S. 1)
Der Planungsausschuss wegen der
Europameisterschaft auf Dienstag verlegt,
das Konzert aus demselben Grund vorverlegt.

7. 6.

Wo immer er sitzt, ist Lehrstuhl. Wo immer er steht,
Katheder.
Wo immer er einsitzt.

16. 6.

Die Wolkentruppen paradieren in ihren verschiedenen Farben und Formationen nach Osten.

Sprachwandel: „Gerne" statt „bitte". Und was steht demnächst für „gerne" (alt)?

24. 6.

Der Garten ändert selbst meinen Begriff von Haben:
Es wird Sein.

28. 6.

Ein Stück weit auf Augenhöhe begleiten.
Phrasentrikolon.

Unser Haltbarkeitsdatum: überschritten.

Radikales Vorgehen. Eine Nagelprobe

Der Zahnarzt, der bei der zweiten Extraktion gleich aufschneidet, um an die Wurzel zu kommen, macht „Nägel mit Köpfen", und ich, mit offenem Munde staunend und stumm, kann ihn zu keiner metaphorischen Revision bekehren.

1. 7.

Mit Blindheit besänftigt, mit Hellsicht geschlagen.

Er brachte zwar Blumen, aber nur Rosen.

Symbiotisch. – A nannte ihrer beider Gespräch „ersprießlich". B ließ sich darüber keine grauen Haare wachsen.

16. 7.

Den Kleinaphoristiker wie Margarine beurteilen: nach seiner Streichfähigkeit.

Es war zu wissen: „Ehre und kein Brot: Poesia, belles lettres." (Lichtenberg, B 145)

Erschöpfung und Flucht in die alkoholisierte Dämpfung nach dem Zusammenprall von Extremen: die vor der Zeit vergreiste Freundin mit den fürchterlich leeren Augen, ihr Selbstbezug und ihre sich nach außen abgrenzende Müdigkeit; das Kind mit seinem totalitären Spieltrieb und der ständig korrigierend einzugrenzenden Egozentrik.

29. 7.

Grenzen der Menschheit

In Gesellschaft, promovierter, habilitierter.
Gerede über: Fensterputzer, Grillanzünder,
Pfefferstreuer, Fleischpreise („ich esse", „ich kaufe").
Ohne Zeit-Gefühl, ohne Selbst-Achtung, ohne Scham.
Peinigend.
Heute allein mit Trakl. „Inmitten jener goldenen /
Blumen der Schwermut / Bestimmt den Geist /
die schweigende Finsternis" („Sonnenblumen").

Sprach*schatz*. In eben diesem Wort verbirgt er sich,
beispielsweise.

Komparation. – Gefühl. Bauchgefühl.
Gänsehautgefühl.

Der Kulturträger und Gymnasiallehrer feiert seinen
Abschied. „Hinterm Lebenswerk geht's weiter".
Groß und klein, und die größtmögliche Verwechslung.

5. 9.

Der „beschwingte Abend" hat mit dieser
Ankündigung schon prae festo den Charme der
Fünfziger.

Und der, der *unter* seinen Verhältnissen lebte?

Leerstellen als Lehrstücke.

10. 9.

Was braucht der Mensch? Unter anderem
Handy-Socken, Hundegurtschlossadapter,
Hundemotivationssticks, Gassibeutelspender.
Würde es sonst im Kaffeeladen zum Verkauf liegen?

15. 9.

Man meint den andern lange und gut zu kennen.
Und dann springt er aus dem Fenster oder schreibt
ein Buch.

Büchermarkt. – Bei Nicht-Gefallen Zeit zurück.

24. 9.

In der Kaffeepause über den Unterschied von
„plinkern" und „plinken".

26. 9.

Oberflächenphänomenal.

7. 10.

„Eine neue Zeitrechnung beginnt."
(FAZ zu einem Conferencier-Wechsel)

20. 10.

Dachte ich mir doch. An Denken ist nicht mehr
zu denken.

26. 10.

Raddatz, Tagebücher jetzt verspätet spontan doch.
Die Fülle und das gezeichnete Ich. Glanz ohne Glück.

Sie hätten es spielend wissen können: kongrässlich.

Die Zeit schlägt Wunden.

Er hatte bei ihr nichts verloren,
nicht einmal einen Blumentopf.

„Kunstbehaglichkeit“ (Heine).
Ein wahres Scheidewasser.

17. 11.

Der Paläologismus „Manieren haben“.

Er lügt wie geredet. Und dann lügt er
auch noch gedruckt. Das ist wahr.

Immer häufiger im literarischen Leben die Wiederkehr
des Gleichen. Die Neugier, wo sie nicht mehr (oder
sehr bedingt) *Neu*gier scheint, erschöpft sich.

26. 11.

Lehrer Garten: Demut, Hoffnung, Geduld, Ästhetik,
Verhältnis Natur – Kultur.

„Prunkschnitzer“ (Lichtenberg) wiederbeleben!

5. 12.

Nebeneinander zu legen und zu lesen: Bürger –
Dieterich, Handke – Unseld.

Der Modus oder Die Angleichung des Menschen an den Apparat. – Wir sind auf der Suche: „Wir sind im Suchmodus." Wir beraten: „Wir sind im Beratungsmodus." Im Sprachreflexionsmodus.

Eingangsportale. „Arbeit macht frei." „Life is grand." (Kameha, Bonn).

Meine „Nicht-Lärm-" und „Nicht-Gift-Prophetie" erfüllt sich zeitgemäß: in Freedom-Software und „black-hole-"Hotels.

„Lyrica". Ist das kein Gedicht, Pfizer 2009 220 Mill. Umsatz zu bringen?

Verrechnet. – Im Traum wiederholt „ohne Plan" vor der morgigen Mathematikarbeit.

13. 12.

Da war noch eine Erinnerung wettzumachen.

Kein Trost nirgends

Linkerhand Ödland. Das wird noch. Rechterhand uniforme Business-Architektur: Glas-Stahl-Abweisung. Auch unter Tage alles hell, sauber, geordnet, schrankenvoll. Wo ein Wort wie „Kneipe" zu denken schon etwas Schmutziges hat.

Vor der Glasfront der Taxifahrer, der dem Anrufer Bescheid geben möchte. Steht minutenlang hilflos vor einem Display und dreht sich mit einer Art Wählscheibe im Kreis. Keine Wahl.
Mein Terrorismus-Gen: konjunktive Gewalt gegen Sachen.

23. 12.

C., 88: „Das Ende des Lebens ist kein Vergnügen."

Die tägliche (Wirtschafts-)Kriminalitätsseite.
Vorgestern: Deutsche Bank, UBS, Ryan Air, Porsche.

24. 12.

Same procedure: Jesus geboren, Handel enttäuscht.

2012

2013

10. 1.

Ein Essay über die Interjektion „ups!"?
Nicht wirklich, jedenfalls nicht in 2013.

20. 1.

Die einfachen Fragen. Wann hat man
„etwas vom Leben"?

26. 1.

Anhänger des Blätterns.

1. 2.

Aber wie wäre ein *sehender* Aktionismus?
Und erst ein schauender?

10. 2.

Ihn bekleidet ein Amt.

15. 2.

Ein „Roman". – Er schenkte ihr Glauben,
der ihn teuer zu stehen kam.

Das Mitteilungs-, aber das Ausdrucksbedürfnis.
Und ein Ausdrucks*vermögen*!

Wie alles mit allem verbunden ist: Alexander Villers
mit meinem „Minimaloffensiv": „den Weg aller
Makulatur gehen".

18. 2.

Er „lebte ganz seiner eigenen Bildung".
So naiv konnte man einmal schreiben,
vom Herrn Grafen Hoyos.

19. 2.

Du musst nur hineinschauen, die Sprache liefert ihn dir ja, den „Satz-Spiegel".

23. 2.

Teilzeit-Kassandra.

Das kommt dir entgegen?
Versperrt dir aber endlich den Weg.

25. 2.

Woher der plötzliche Wunsch, Blumen zu pflücken? Du kommst nicht drauf, und wenn du dir Schwielen an die Synapsen denkst.

Dinge. – Seit dreißig Jahren auf Tuch- und Lederfühlung mit meinem Lesesessel. Da sollte man schon von einem Verhältnis sprechen können.

Es ist alles Verlangen und Verlangen-Machen.

Zwei Samstage, zwei Männer, zweimal kopfschüttelnd-staunend als Zaungast vor den Wonnen der Gewöhnlichkeit der wöchentlichen Fußballbegeisterung. Das ist der Rede wert! Mann zählt die Tore, kennt die Namen.

Die feinst genarbte Oberfläche des alten Papiers; im tagelangen Darüberwandern nehmen meine Fingerbeeren eine gewisse Rauheit auf.
„Gewisse": meine Erinnerung trügt mich nicht, einige Einträge zuvor schon einmal dies gewisse „gewisse". Doppelte Ausdrucksschwäche. Aber die Fingerbeeren zu pflücken erfreut für den Moment.

8. 3.

Aus der Bilderwelt des lesenden Gärtners: Stilgemüse.

Überschrift, verworfen: Zweite Wahl.

Zwei Aphoristiker: der eine kennt alles, der andere nicht einmal sich selbst.

Was wird warum Schrift? Wie kann ich hinter die kritisch sondernde Distanz kommen, die ich selbst bin? (Lichtenberg, K 76)

11. 3.

In sich gehen. Ein steiniger Weg.
(Und ein treibsandiger zu dieser Bemerkung)

Das Faszinosum der Smartphone-Welt: Alles sofort!
Aber die verlorene Weile.
Die verlorene Weile: sofort!

Die Harlekinaden der Zunft.

Multiple Altersangst. Führt zur Sklerose. –
Noch Befund und nicht Befindlichkeit.
(Die Befindlichkeit ließe den Befund nicht mehr zu.)

Die kleinen Fragen

Warum trägt seit längerem alle Welt den Schal nicht
mehr übereinandergelegt, nicht mehr geknotet,
sondern ineinander verschlungen?
Und wie und warum breitet sich so etwas aus?
Nicht ausgeschlossen, dass die Antwort gerade auf
die zweite Frage auf Größeres verwiese.

21. 4.

„Sie haben Farbe gekriegt." Er wurde rot.

Fußball und Geld; die gute alte Dialektik: Es macht ihn so lange attraktiver, bis es ihn unattraktiv macht.

Der Instinktiv als die Zeitform der verlorenen Begriffswahrheit.

Alltagsleiden. – Wartebereich Autowerkstatt,
unabschaltbares Fernsehgerät:
„Schnapp dir dein...!" Lesenotstand.

Der egozentrische Bogenschütze.

Er hat sein Leben zerwirklicht.

30. 4.

Spitzennachricht: „Die Stimmung der deutschen Verbraucher hat sich verbessert."
Ich bin fast ganz Ohr.

Ätzgründe? Haben ihren Preis.
Wie alles andere im Malerkatalog.

Die ausgleichende Ungerechtigkeit die interessantere Figur.

5. 5.

Der Tanz um das Goldene Kalbsschnitzel.

16. 5.

Die Zeit arbeitet für dich. Bezahlst du sie?

Im Zeitalter des Selbstzitats angekommen.

8. 7.

Die Augen sind auch eine Brille. Hätte man im 18. Jahrhundert scheinbar trivial formulieren können.

Analyse, aber Analogie.

Für das Aphoristische! Gegen den Aphorismus!

19. 7.

Wenn endlich der letzte Atemzug einläuft.

Im Mai verzettelt: Der Garten bekennt Farben.

29. 7.

Das Placebo: der Generalschlüssel des Politischen.
Ich ahne die symbolische Kraft mehr, als dass ich sie restlos begriffe; wie oft.

Die Perspektive absolut sexuell zu fokussieren, auf Begehren und Begehrtwerden, Erektion und Penetration, hat immerhin Korrektivrichtigkeit für sich.

12. 8.

Man ist, was man liest. Man liest, was man ist.
Henne und Ei.

Golf wird dort angebaut. Und rundherum Korn.
Früchte auch das.

13. 8.

Wer schreibt mir einen Kaffeesatz?

20. 8.

Sommerlicher Landregen und die Gefühle, die er auslöst. Die tröpfelnde Ruhe; die Wellenringe, die er auf den Teich wirft.

Größte Vorsicht vor denen, die sich auf die Gefühle eines Kollektivs berufen!

Lichtenberg, K 76 („Es denkt") plötzlich in meinem Zentrum. Heißt die Frage „Wer ist Ich?" oder „Was ist Ich?"

Selbst die Cloud schießt hier an: „Es" sendet (supported), wie „es blitzt".

1. 9.

Wie sich der Tatbestand im Alter verringert! Im selben Maße blähen sich die Erinnerungstoten auf.

Unter dem Geleitschutz greller Farben segelte sie in die Alterslosigkeit.

2. 9.

„Raab gewinnt TV-Duell." (Schlagzeile „Bild")
Genial-obszöne Verkehrung („Perversion").
Ein skrupelloser Quoten-Entertainer gegen eine Bundeskanzlerin. Boulevardisierung der Politik.
Wir sind Raab.

17. 9.

Oberjoch. Mit Erlebnisgarantie.

Und was legen wir auf den Gabentisch bei Akademikers? Auster, Safranski, Schirach und zum Nachtisch „nicht irgendein Kochbuch".

Er kompensiert seine vergrößerte Prostata mit einer Toiletten-App. Hat 2000 e-books auf dem Rechner. „Runtergeladen", zieht er mich in die Konspiration.

6. 10.

„Der Druck der Märkte." Teuflische Abstraktion. Warum, ist klar. Aber wer genau drückt wie genau mit welcher Kraft genau wohin?

Zeit und Geld

1. direkt proportional: je länger, desto teurer.
2. umgekehrt proportional: je länger, desto billiger.
3. direkt proportional bis zum Umschlagspunkt, dann umgekehrt proportional.

Und: je länger, desto besser, aber je kürzer, desto ertragreicher.

17. 10.

Früher war alles schlechter, da trank man einen Kaffee, heute einen Ristretto (unbeschreiblich zitronig), einen Livanto (fruchtig, blumig, dicht), einen Finezzo (unverkennbar süß und weich) oder einen Fortissimo (kontrastreich ausgewogen).

19. 10.

Auch eine Alterserscheinung: Beim Wort „Schlachtfest" fast so etwas wie einen geistigen Würgereiz.

„Wir verkaufen Emotionen." Ja, Frau Maklerin. Und „Rationen" wären unverkäuflich?

22. 10.

Die Highs des Alltags. Mit Brittens „A young person's guide to the orchestra" durch den Indian Summer der A 3.

1. 11.

Deutsche Kindheit 2013. „Was wünschst du dir zu Weihnachten?" „Ich weiß nicht, ich hab doch schon soviel."

9. 11.

Wer könnte die Bilanz erstellen: Zeitgewinn/Zeitverlust durch die neuen Medien?

Entwertegesellschaft.

Sportive Gesellschaft. – Wer macht den ersten Aufschlag, wenn wir das stemmen wollen?

Im Traum auf Reisen (übermorgen Laos). Ich komme in eine Ortschaft „Leben" und will erfahren, wie die Bewohner dort ihren Tag zubringen.

Licht, Wärme, Ruhe, Vegetation, Leichtigkeit des Seins. – Ausdruckslose Nach-Reise-Depression.

„Der Schmutz sprudelt aus der Gesellschaft wie aus einer Latrine." (Kertész)

13. 12.

Noch bleiben wir auf der Strecke.

Straßenbauironie. – Die Straße, die den Wechsel der Rehe verbaut und sie also vertrieben hat, wird „Rehweg“ genannt.

„Das Leben basiert auf Lügen und nichts als Lügen.“ (Richard Ford) Auf nichts als Lügen nicht.

Die Altersretardation beginnt bei der Addition der Meter, die man auf die Prothesen-(Brillen-)Suche verwendet.

Er reckt ein Transparent mit seinem Trugbild in die Höhe.

14. 12.

Er hat seinen Zenit übergangen.

Stagnation? Nichts heilsamer in Zeiten des Verfalls.

Der Sinn der Sachen.

Das Zeitfenster. Seine Scheibe eingeschlagen.

17. 12.

Albern wie der rhetorische Drang, sich etwas „aufdrängen“ zu lassen.

Narratologisch eindeutig zuviel Fokalisationsinkonsequenz, nicht nur bei Frisch.

20. 12.

Irrtum! Auch Unkraut vergeht.

In die Unwissenheit befreit. Auch das ist möglich.

22. 12.

Epochenkrankheit (Steiner) im zweifachen Sinne.

„Das ist überholt." Bleibt aber auf der rechten Spur sehr wohl erhalten.

Erlebnis. Erlebnis. Immer wieder Erlebnis.
Ob der Tod ein Er*leb*nis ist?

23. 12.

Es weihnachtelt. Heute grüßt man elektronisch. „Your card will load in 15 seconds." Aber vorher wahlweise „zauberhafte Orte zum Genießen", „einen flachen Bauch" oder „alles zum Kochen und Backen".

24. 12.

Die große Frage: Hält die Kauflaune an?

Reisen ist so leicht geworden, dass es nicht mehr möglich ist.

29. 12.

Stimmungsthermometer.

Von Stil auf Haltung schließen.
„Ich möchte Sie einladen, diese Fragen in sich zu bewegen und mit den Folgefragen schwanger zu gehen.“ Er regt an, dass Sie sich mit einer der folgenden Fragen auseinandersetzen.

Gestern Fabian, Florian, Sebastian.
Heute Maura, Nikolai, Valentin, Milan.
Aus Namen schließen!
Eine bewegende Einladung ins Pretiöse.

2012

2013

2014

10. 1.

„Das coming-out bewegt die Republik." Mit diesem DFL-Satz bewege ich mich zum Frühstück.

Das Unvergleichliche in seiner defizitären Grandeur.

14. 1.

Der Trauerredner macht seine Sache gut. Manch treffend-tröstlicher Satz. Nur kommt mir der Stundensatz nicht aus dem Sinn.

In den „Ungereimtheiten" ist die verschollene Wertschätzung erhalten. Der Kuchen ist „ein Gedicht". Und bleibt es.

25. 1.

Der Rechner ergänzt bei „Frauen" selbstständig „-ehre". Hab *ich* ihn das gelehrt oder „die Gesellschaft"?

26. 1.

T. hat sich „entleibt". Immerhin hat er ein ewiges Leben als Fußnote.

27. 1.

Karzinogener Euphemismus. Der Anästhesist vor der Biopsie spricht von „Zellen, die da nicht hingehören".

3. 2.

Eine Grabstelle gekauft. Geerdet.

Schock aus doppelter Rückübersetzung.
Biopsie-Befund. „Positiv." Der Arzt übersetzt ins Patientige, aber der Patient ins Ärztliche.
Der Effekt negativ.

Die Ablehnungsfloskel heute:
„Ich schick dir einen Link."

7. 3.

Einen Satz, der mit „Der tiefere Sinn" beginnt, zu Ende lesen?

Der Massenmörder Breivik im Hungersteik.
Er will statt Playstation 2 die Version 3 kriegen.

Hierarchiebewusste Literaturbeamte, die vor Zuständigkeitsbesorgnis sprühen.

Neuerscheinung: „Telefonate und Mails zum Werk von NN ." Hardcover, 24,99 Euro.

17. 3.

Das Vermessene vermessen!

Das Binäre ist das Falsche.

Mundsigniert.

5. 4.

Er signiert auf Vorrat: „Herzlichst."

Die mythische Kraft im Kleinen. –
Er spitzte seine Bleistifte wie Canetti.

Wann fängst du mit dem Ableben an?

19. 5.

Keiner kann aus seiner Hirnhaut.

Nur ein Netzwerkgatewayfigurationsproblem also?
Das wird sich doch lösen lassen!

27. 5.

Er war ganz Mund. Und ich war Diederich Heßling:
ein schwächliches Kind, das an den Ohren litt.

Alterserschlaffung als mittleres Wohlsein?
Ein Fragezeichen noch als Aufbäum-Indíz.

Der moderne Camouflage-Kapitalismus:
verwandelt *deine* Zeit in *sein* Geld.

Intelligenz, zur Handlungsblockade eingesetzt.

Irregulativ.

28. 6.

Abiball. Tische voller Kosmetika zum Anfüttern.
„Life is grand.“ Den Bauchnabelpflegeset von Loriot
und das Großzehmassagegel nehme ich mit.

Ein brillanter, ja schillernder Kopf.

29. 6.

Der hellste Glanz dunkelster Begriffe: Charisma, Aura.

Verführungsgesellschaft.

Lebensgeführtwerdung.

1. 7.

„Dummheit war nicht sein Stärke." Valéry über Weber.

13. 7.

„Die Spieler müssen die Dinge selbst in die
Hand nehmen." (FAZ zum Endspiel der Fußball-WM)

16. 7.

Halbseitige Anzeige: „Ihr ward großartig."
Es ward Abend.

18. 7.

Und wer spricht von den *Ziel*bedingungen?

Nicht der Schreibe wert.

Sein Buch: Verlegt. Und nicht wiedergefunden.

31. 7.

Positives Denken. – Die mangelnde oder jeweils
falsche Brille gewährleistet Altersbeweglichkeit.

Sprachklima, auch im Duden.
„Starkregen“ kennt er 1996 noch nicht.

4. 8.

Wortlos überreicht er mir eine Urkunde in Plastikfolie.
Er ist 1965 nachweislich über den Äquator geflogen.

19. 8.

Und wann überschritt ich meinen Zenit?

Das Licht am Ende des Tunnels blendet.

21. 8.

Erwartungsnetze. Verstrickt.

Ein Geheimnis wie ein Zimmer lüften.

Touristik des leeren Stuhls. – Ferienorte stattdessen
bewerben über all das, was es *nicht* gibt.

Wunsch: jeweils statt eines optischen
einen akustischen Lageplan.

2. 10.

Schlaflos um 5. Ich flirte mit dem Wort „Amygdala“.
Reiner Klang, die Bedeutung verweht.

Das Brunnen-Heft XXV bereit, der Kalender 2015
vorbereitet: Für die Zukunft ist gesorgt.

17. 10.

Selbstillusionierung.

Auf einem Boot. Immer. Und keine Land-Karte.
Wellengang.

19. 10.

Die Geduld nimmt altersgemäß genau in dem Maße ab, in dem der Körper mehr davon nötig hat.

31. 10.

Es hängt ihm zum Halse heraus, sein Geschlecht.

Die abgegriffene Metaphernmünze „eisiges Schweigen". Dagegen erzählen wir ganz lange und ganz still vom „wärmenden Schweigen".

16.11.

Die metaphorische Wahrheit in dem,
was „zugestoßen" ist.

22. 11.

Preisgeben. Aber zu welchem?

Drücken wir doch aus, was mit „dem Schnee von gestern" ist. Er ist im Gully.

Die glanzlose Erscheinung wird nur glanzloser, die strahlende noch strahlender: wenn sie es weiß.

Frage und Antwort. – Spinnen Fliegen?
Nein, Fliegen spinnen nicht.

Bestialisches II: – Die immer im Netz sind:
Fliegen oder Spinnen?

8. 12.

Den „Zweitgeist" in die Vertipperkollektion.

12. 12.

Gretchenfrage aktuell: Wie gut bist du vernetzt?
Wieviel Trades machst du pro Tag?
Wie ist dein BMI?

15. 12.

Verlegt. Verworfen?

17. 12.

Ich streiche jeden Satz, der mit „ich" anfängt.

27. 12.

Das Einzigartige, wie es jeder leistet.

Im Kompositummäntelchen, seit wir sie
medial faken, die „Echtzeit".

2012

2013

2014

2015

4. 1.

Jemandem auf die Ölspur kommen.

8. 1.

Die Risikogesellschaft auf die Wagschale!

10. 1.

Im Netz. Als Fisch.

23. 1.

Der Minister ist gut aufgestellt, macht seine
Hausaufgaben, hat ein gutes Bauchgefühl und
ist deshalb ganz entspannt.

30. 1.

„Besorgte Bürger“: Grund zur Besorgnis.

31. 1.

Massenmenschhaltung.

1. 2.

Das Gebäude verrät seinen Erbauer.
Was verrät „verraten“?

Im Plauderton

Ich lese „Faserland“, das stimmt jetzt wirklich,
und ich denke daran, dass er wiederholt gegrinst hat.
Er hat eine Baseballkappe von Acid verkehrt herum
auf, ich will das mal so sagen, er hat keinen Sinn für

klassische Kleidung. Er raucht und trägt diese blöde
Barbourjacke, weil ja alles irgendwie interessant ist.
Abgewetzte Markenprosa, das führt zu nichts.
Außerdem interessiert mich Kracht gar nicht.
Das habe ich vorhin nur so gesagt. Ab und zu eine
Zigarette rauchen, dann geht das schon in Ordnung.
Ich kann das nicht genau beschreiben, was ich meine.

6. 2.

Den „Trockenforscher" komparativ
in die Wortspielwiese gepflanzt.

Und was, wenn man den Zenit
als Rubikon überschritten hätte?

Zwangsamüsement.

28. 2.

Die Welt ist höflicher geworden. Ich bestelle
in der Theaterpause ein Bier.
„Möchten Sie auch ein Glas dazu?"

„Er gab sich, auf der Spindeltreppe sitzend,
dem Sonnenglanz hin." So in der Wirklichkeit
der Literatur. In der Realität des Lebens machte
der Einfallswinkel das Stehen erforderlich.
Literatur als Lebenskorrektur.

Die heterotextuelle Interlinearversion. –
Literatur als Spiel.

14. 3.

Dein Leben hängt am roten Faden.

17. 3.

Die Falschschreibung, die nicht einmal Musehen zulässt.

25. 3.

Im Halbschlaf an dem Satz gedeutelt: „Sie war allen Kindern ümme." Wer hinter sein Gehirn käme!

Auch im Sitzen „steht" sie auf der Bühne.
Wer hinter die Sprache käme!

Abwehr von Zeitdiebstahl – Soziabilität: Aporie.

28. 3.

Sie waren so gekränkt, dass sie zu Gewalt gezwungen waren.

Altern ist demütigend. Diese Feststellung macht die Demütigung kein Gran erträglicher.

20. 4.

Weil der alte Satzbau ist halt, keine Ahnung, einfach durch.

Denksportaufgaben

Je mehr die umgekehrte Proportionalität unser Weltbild bestimmt, desto weniger… .

Je mehr Bilder, desto weniger.
Je mehr Zeit wir haben, desto weniger.
Je mehr Wörter produziert werden, desto weniger.
Je mehr wir an genaueren Messwerten bekommen
können, desto weniger „gesund" sind wir.
Je weniger Energie sie brauchen,
desto mehr nehmen sie zu sich.
Je weniger Jahre und Tage sie vor sich haben,
desto mehr.
Je weniger die Leistung wert ist,
desto mehr wird sie gefeiert.

Billige Distinktion, teuer erkauft. Oder:
Der Mittelstandslukulliker als Avantgarde

Beim Spargel in der Pole Position. Jetzt die ersten Erdbeeren aus der Region. Die einzigen, die sie essen. „Ein kleines Glück."

24. 5.

Er trennte Werte-Welten. Sie trennten Werte-Welten.

Der Beitrag zum Tage: Sie kaufen Esprit.

Die Einverständnismangelkrankheit zum Tode.

„Und was macht Ihre Frau?" „Vorwürfe."

27. 5.

Frohsinn-Flöten von der Telekom. „Super!"
„Sehr schön!" Schließlich: „Schade, dass ich Ihnen
heute keine Freude machen konnte."
Abgrundtiefe Falschheit.
Welche US-inspirierten Idioten schulen
diese Flötistinnen?

7. 6.

Eben erst. Und schon so spät.

In Anstatthaft; lebenslänglich.

Worin das Vergehen der Zeit besteht?
Keine Frage! Schlagt sie tot!

9. 6.

Aus der Gartenlehre. Alle gieren ans Licht.
Alle werden gestutzt.

Der nagende Alltag, die XXL-Ratte.

Kleiner Gewinn und großes Grübeln
über den Verlust im Gewinn.

Der Fortschritt seit 1789: Uns ist alles gleich,
wenn uns diese Brüder nur Beinfreiheit garantieren.

11. 6.

Ausdrucksgrenzbewohner.

Seine Kompetenz in Nickenlächeln
von ausstrahlender Qualität.

16. 6.

Zur Lage der Presse:
Die Berichte über die Berichte der Boulevardblätter.

Er hat *auch* ein Buch gemacht: Fotobuch mit Mikki.

Im Flieger. Der coat-Haken kostet noch nicht extra.

Wovon hat der Saftschubser einmal geträumt?
Wie redet er mit dem Copiloten?

Es ist doch einfach nur klitzegroß.

20. 6.

Er verstand, sich über Wert zu verkaufen.
Käuflich in jedem Fall.

Kraftmeier. Die Kauf-, die Vorstellungskraft.

1. 7.

Die Karenzzeit von „Mädels" (1945-1990) als Indiz.

Letzter Wunsch: Ein passabler Tod.

Der Zahn der Zeit, hier als Molar,
dort als Schneidezahn.

3. 7.

Werbung, ein kurzes Versehen: Ich soll

„schnell zuschlagen", bin aber (außer gegenüber dieser Sprache) gar nicht aggressiv gestimmt.

12. 7.

Vom Notat zur No-Tat. Der zweite Blick
des Sprachleibeigenen.

22. 7.

„Verhütungsmodelle". Das muss man doch
einfach aufheben!

23. 7.

Erlebnis? Begebnis!

Wie lange hält die Festplatte fest?
Noch lange nicht ausgemacht.

28. 7.

Er gab auf. Wuchs aber an dieser Aufgabe.

Noch einmal Lichtenberg, F 1026 („alles Tun in -eln ist nicht viel wert") nachgetuschelt: Schnuddeln und trödeln. Die mütterlichen Stereotypvorwürfe.

31. 7.

Der Lauf der Welt ein Kursus.

Was bedeutet es, dass man im Deutschen
den Tod „findet"?

„Mit Omega ins Alphabett."
Geschwittert und verarpt von M. W.

13. 8.

Kindermund: „Wie war der Strandurlaub?"
„Gut, es gab W-Lan."

23. 8.

Was ist eine Brandgefahr gegen
eine Brand*schutz*gefahr?

1. 9.

„Schülerstromverflechtung."
Verwaltungssprachverunartung.

Der Distiktionstrieb. Bleibt zu erforschen
(neben dem Sex etwa).

Und wer ist die Mutter des Gedankens, dessen Vater
der Wunsch ist? Und was ist mit den anderen Vätern:
Liebe, Sorge, Angst, Verzweiflung?

5. 9.

Total toll die hysterisch-krampfhafte
Emotionalisierung: „Gänsehaut hoch zehn".

10. 9.

„Möchten Sie den Vorgang final abschließen?" „Nein,
und das möchte ich nicht kausal begründen."

Noch eine Kausa: Nicht ohne Grund, sondern
„aus operativen Gründen".

19. 9.

Die asozialen Netzwerke.

Ein Stück weit Blockade.

„Funktioniert" diese Trivialparadoxie:
Ohne Arbeit macht das Leben keinen Spaß?

Der Silberstandard, seien wir nicht anmaßend.

Aufgabe: Die Seele „stemmen".

Dann also der geschminkten Wahrheit
in die Maske sehen! Tertium non datur.

5. 10.

Der Renner: Bioklopapier!

30. 10.

Der „Ranzen" ist auch den Bach runter.

Eines der ungelösten Welträtsel: Warum sieht man den Druckfehler, der einem entgangen ist, im fertigen Buch schon beim ersten Aufschlagen? – Der Trost, den ein Druckfehler in einem anderen Buch spendet.

31.10.

Gartenarbeitsmeditation. Wehren sich die hellgelben Blätter der Kirsche, die dunkelroten des Acer mit ihrem Leuchten gegen ihren Untergang? Die schwarz-braunen der Catalpa jedenfalls haben sich der Erde ergeben. Die unterschiedlich rot-braunen der Felsenbirne sind noch uneins. – Handschuhe natürlich. Aber es entgeht dir auch etwas.

6. 11.

Verloren-gerettet: zu tief ins Stundenglas geschaut.

9. 11.

22.30 Uhr. 19°. Ich kann Tagebuch.

13. 11.

Wie positioniert sich ein Bärendienstleistungsunternehmen am Markt?

Die Tagebücher der Ebner-Eschenbach. Sechs Bände. „Eine Abhaltung nach der andern." Eine Abhaltung nach der andern.

22. 11.

Die Ebner tagelang altern gelesen.

2. 12.

Sprechhandeln: schön und gut. Handeln: gut und böse.

4. 12.

„Die litcologne meldet: „Die „Midlife Cowboys“ ausverkauft.“ Für Steinweg: „Evidenzterror“ gibt es noch Karten.

Ob ich „Zum Stand der ...“ oder „Zur Lage der ...“ referiere, das macht *doch* einen Unterschied.

Alltagssarkasmus. Der Bagger, der uns seit Wochen von 7 Uhr an quält, heißt: Silent.

6. 12.

Das bürgerliche Lagerdenken.

Die Zeitsparer einer- sind die Zeitfresser andererseits. Der Teufel steckt in der Bilanz.

7. 12.

Behauptungen enthaupten!

8. 12.

Die Sicherheit macht sich breit und breiter. Dahinter verdrücken sich Freiheit und Schönheit. Mehr und mehr.

9. 12.

Der Rassist, den der Rassismusvorwurf trifft.
Der Rassist, den der Rassismusvorwurf schützt.

12. 12.

Ungenach, der Handfeste, denkt im Besitz eines selbstabsenkenden Toilettendeckels über den Weg von der Kultur zur Dekadenz nach.

„Helfen ist gar nicht schwer": kaufen!

Wie immer. – Sie zittert wie ein Lauffeuer, ist schnell wie Espenlaub und flink wie ein Kiesel.

14. 12.

Er hatte sich verdacht. Wer will es ihm verdenken?

18. 12.

„Geile Preise" im Erotikshop.
Wo anders gehören sie hin?

Die neue Währung. – Bis ins Mark ward die Geldmetaphorik getroffen.

Wie wäre das: seiner Männlichkeit Herr werden?

Was ist die Alkoholabhängigkeit von gestern gegen die Akku-Abhängigkeit von heute?

Füllwörter sind eben entsprechend, keine Ahnung: Sättigungsbeilage.

Dass er jedes Jahr im Gefolge von Weihnachten ein paar Tage krank ist, das beglaubigt Nietzsche.

Einen Verleser gewonnen:
das ideale Geschenk für Verlierer.

„Nur noch heute": dieses Druckmittel von gestern.

25. 12.

Blättern-Anlass. – Nicht nur ein Anliegen, sondern ein „Herzensanliegen" und dazu noch „ein echtes".

Ein Stachel im Geist. – Immer, wenn ich den Namen der Germanistin lese, kommt mir der gemeine Satz eines Kollegen in den Sinn: „Die G. stinkt."

2013

2014

2015

2016

2. 1.

Ist Sharing teilen?

Nach der Vietnam-Reise begrüßt uns der Nachbar
(90): „Haben die Kommunisten Sie in Ruhe gelassen?“

Ein Anfang? – Deutschland im Januar.
Pfefferspray ist ausverkauft.

5. 2.

Kommt die „Hochburg“ ohne den Karneval aus?

23. 2.

Der Frühling mit seinem Krokuss.
Aber in die Glutenkiste.

26. 2.

Die mit dem klugen Kopf dahinter gibt Fragen auf:
„Jeder Mensch, der einmal Kind war, kennt
Peter Lustig.“ War ich einmal Kind? Was für ein
„Mensch“ ist dieser Redakteur?

Irrläufer beim Jurieren (Wettbewerb 2016:
immer noch „Dämlichkeiten“ „zwischen den Stühlen“)

Hat mich auf den rechten Weg gebracht,
der linke Vogel.
Er hatte die Dummheit mit Löffeln gefressen.
Ich glaube an die Wirkmacht von „glauben“.

11. 3.

„Ich würde eigentlich gerne widersprechen wollen."
Aber?

Hora incerta: recht besehen die größte Gunst.

14. 3.

Die Potenzialmedizin reicher Gesellschaften:
Mehr Medikamente gegen den möglicherweise
eintretenden als gegen den eingetretenen Fall.

16. 3.

Endlich gerade gerückt: Eine neue Superliga für die Fußballstars auf der Seite „Unternehmen".

Die „Textfläche" ist eindimensional.

26. 3.

Nichts als ein Indiz für sie: dass die Dekadenz selbst so selten in den Blick genommen wird.

1. 4.

Die Bildersucht des Alters. Festhalten!

19. 4.

Wenn der Plural den Singular dementiert: Wahrheiten.

Indikator: Frequenz des Verbums „schaffen".

Ganz im Ernst den „Spielball" bedenken!

Merkwürdig, wie sich die Bedeutung dieses Adjektivs verschoben hat, bemerkenswert.

29. 4.

Ein Zehntel Vogel, neun Zehntel Ornithologie.

„Das Knie ist heute dankbar."

8. 5.

Weg mit 1000 philosophischen Abhandlungen:
frei = katheterlos.

„Nur eine von 17 Zysten befallen."
So hoffen wir uns alle zurecht.

Stärke hieße, sich, in der Trink*pflicht*,
die Trink*freude* erhalten.

3. 6.

Die Theologin. Eine Textfläche

Als klassische Exposition die Selbstdarstellung: eben nicht *Pfarrerin*, *nicht* Religionslehrerin, wirkungssichere Begündungsvolten (eher Schleiermacher als Barth) und Autonomie-Rhetorik. Ach ja, Forscherin auch. Alles ein bisschen, alles ein bisschen viel.
Der zweite Akt mit viel „Glück", viel „Geschenk" (selbst die Unterrichtsvertretung kein Beruf, ein „Geschenk"), Protagonistin bis in die „glückliche" Mimik, auch in die geliebte „Begleitung" von

Menschen sind es die Hörer, die sie begleiten.
3. Akt: Der Ileus-Monolog in allen Verschlingungen.
Vortrag über das Verhältnis von Ohr und Auge
(für die Aufführung gestrichen).
Keine Pause.
Fragmente über die Nächsten im vierten Akt,
der Ehemann in der Schweiz, die beste Freundin als
beste Internistin; ich warte auf das
dazugehörige Pferd, prompt fällt auch es
ins Wort ein („mein Pony").
5. Akt als dialogischer Abspann. „Und Sie?"
„Ich bin Schriftsteller." „Spannend."
Nach einer Dreiviertelstunde Abgang, Vorhang.
Überaus verhaltener stiller Applaus.

5. 6.

Mit dem möchte ich mich mal unterhalten, der den Ausdruck prägte, bevor er zur Floskel verkam: „zur Untätigkeit verurteilt".

Noch nie so intensiv mit einer Blume gelebt.

6. 6.

Zellensyndrom: Die Dialoge werden ins Innere verlegt, imaginiert, präformiert.

8. 6.

Als ungeheilt entlassen. Wann verflüchtigt sich die Angstgrundierung?

14. 7.

Wer hingegen passt in das Jägerschema der Beute?

Er berichtete über sein Ableben.

Er redete sich über Stock und Stein.

Die Niederlage war erhebend.

Dass er den Schriftzug nahm, warf sie aus der Bahn.

11. 8.

Dass aber auch das Anzügliche entblößt!

Wortfeld und Wort(spiel)wiese. Ackern und grasen.

Mit der Holophrase gegen die Phrase!

17. 8.

Die lebenslang vertriebene Zeit würde er
heimholen. Dermaleinst.

Ein habilitierter Abend

Gerede fällt übereinander her. Kaufen (Bio), verkaufen
(Bücher, Klamotten über Amazon), mäandernd
erinnern, Bluetooth-Gerangel. Tellerfotografie.
Vor allem aber: Spaß, von Engelke (Anke, nicht Gerrit)

bis Valentin, You-tube-Vorführungen. Wir haben uns zu Tode amüsiert und leben unerkannt damit. – Unhöfliche Notwehrflucht.

Die Ikonomanie: Das irre Maß an Fotobedürfnis. Speisen aufb(ew)ahren und erst dann zu sich nehmen.

Ganz die Mutter. – Ein Denkbild, wie Adorno aus dem Gesicht geschnitten.

6. 9.

Spitze! – Die Spitze gibt vor, ein Eisberg zu sein.

11. 9.

„Stoffwechselanalyse und 74 andere Deals": ausgeschlagen! Kein Dealer.

Brachytherapie? Der entsprechende Satz ist schon konzipiert: Er hatte jetzt, was er zeitlebens nicht gehabt hatte: etwas Strahlendes.

16. 9.

Jetzt gehen wir das Problem definitiv an:
Die „Kreativweste" ist bestellt.

Sie hätten sich nichts zu sagen,
schreiben sie sich regelmäßig.

Lasst euch nichts einreden:
Das „System" ist kein Subjekt.

17. 9.

Wenn ich nach der Inspirationsjacke von gestern jetzt auch noch einen sorgsamen Umgang mit den eigenen „Ressourcen und Charismen" (Woelki) beachte, kann es nur besser werden, verbal, mental, transzendental. Bloß: Wie umgehe ich meine Charismen?

7. 10.

Katholische Totenfeier. Todesverneinungslitanei, eine wie verzweifelte Glaubensbeschwörung, die Mechanik eines Rituals, in der der Tote gerade *einmal* als „Mitbruder" vorkommt.

8. 10.

Trump und das Ende der liberalen Dmokratie. Diesem Ende wohnt ein Zauber inne. Anna Lühse, hilflose Person. Mit der 11. Feuerbachthese gegen sie vorgehen.

14. 10.

Spaßgesellschaft. – Telekom schickt mir die Nachricht, dass ich mich auf neue Klingeltöne freuen darf.

18. 10.

Utopische Alternativen. – „Möchten Sie die Werbung sehen oder Stille kaufen?" „Was kostet die Minute?" „Möchten Sie die bedenkliche Außenluft zu sich nehmen oder unsere safe-and- sound-air atmen?" „Was kostet die Minute?"

19. 10.

Hypothese: Wir sind die Opfer der Dialektik der Schutzgüter. Opfer als Täter.

Die weiße Weste als rotes Tuch.

28. 10.

Sie wollte sich nicht in Cameo-Auftritten oder als Supporting üben und fakte in ihrem Livingroom detached eine Stop-Loss-Order, der Pullover von Liu-Miu, der Minirock, der Schlangenhaut emulierte, von Martin Margiela, die Brille Mykita.

Sprechhandeln. Denkhandeln.

8. 11.

Er war gerüchte-weise.

Glaubeln, dann auch zweifen
(zu Lichtenberg, F 1026).

Das Los teilt mir die „Prunk"sitzung zu.
Ich ermangele der Lackschuhe (obzwar nicht
des passend-prunkvollen Genitivs).

23.12.

Die neuartige LED-Kerze: kleine Innovation, großes Symbol für unsere Zeit der Surrogate: täuschend ähnlich: der (regelmäßig-)unregelmäßige Rand als

Caldera für den tiefliegenden „Docht", das wächsern Transparente, das leichte Flackern; in der Substanz, dem Sich-Verzehren, entkernt.

25. 12.

„Ich möchte Sie einladen, die Nase in den Wind von Bethlehem zu halten." (DLF, 8.40 Uhr) Warum reagiere ich auf diesen Stallgeruch nur so empfindlich, dass ich sofort auf die windabgewandte Seite wechsle?

Make love, not war. – Die Friedenspreisträgerin freut sich, dass man in ihrer Lieblingsdiskothek in Berlin endlos tanzen und dann „übereinander herfallen kann". (Schnelles Blättern in der Buchhandlung. – Mehr Friedensbeiträge lesen! Sich deutlicher als verklemmten Spießer outen!)

29. 12.

Alles Bruch (Hernie beidseitig); die „persönliche Zuwendung" „hinzugekauft".

Kurze vertragsgemäße „Zuwendung", dann Obergurgl, schneesicher. „Meine Oberärzte kümmern sich um Sie." Und lässt mich mit possessivpronominalen Überlegungen und der Beruhigung des Plurals zurück.

Worüber sie wohl streiten, der Federhalter und der Buchhalter, der Schriftsetzer und der Schriftsteller? Und wenn erst der Buchmacher dazukommt!

2014

2015

2016

2017

3. 1.

Die Scham des Verkäufers: „*Hol* dir...!"

Ganz bei sich selbst. – Das Kommunizieren über die technischen Probleme und Möglichkeiten zu kommunizieren saugt das Kommunizieren allmählich auf.

13. 1.

Die Bioreligiösen, die dritte Konfession.

20.1.

Seither erleben die Menschen in „Staffeln".

Wo man „vernünftige" Maßnahmen verheißt, da gebietet es die Vernunft, größtmöglichen Argwohn zu hegen.

Welcher Algorithmus hat mich als geldbedürftig ausgemacht? Und warum? Laura und andere bieten mir plötzlich viel Geld ohne Schufa an.

22. 1.

Das Sakrale der Inauguration am widerwärtigsten (Trump). Wie könnte man zukünftig den Namen Gottes in den Mund nehmen, ohne sich daran zu erinnern?

Von der Behauptung verletzter Gefühle geht absolute Gewalt aus.

2. 2.

„Im Laufe der Zeit." Wird im Laufe der Zeit zur Paläometapher. Im *Fluge* der Zeit.

Ein vielbefürchtender Auftritt.

5. 2.

Jede Woche Atropos. – Ich schneide im
Taschenkalender eine Ecke ab,
um die nächste Woche besser greifen zu können.

10. 2.

Bleiben wir auf dem Schnürboden der Tatsachen.

20. 2.

Erbsenzähler mit Dyskalkulie als Schutzbehauptung.

Die „totgeschlagene Zeit" beerdigt.
Wie, wo und von wem?

26. 2.

Im Jedermannsland.

Sie ertrug den Namen Ernestine.

2. 3.

Ins Wörterbuch: Diätregime,
Wahlkampfunterhaltungsindustrie.

„Erzählung": ein neues Narrativ.

Philologengespräch: „Bei mir fehlt nur ein Spatium."

11. 3.

Debitum naturae reddere: so „sterben" die Alten.

12. 3.

Warum wird er als schnell gedacht?
„Der Tod ereilte ihn."

Die Gebildeten zitieren immer noch:
früher Goethe, heute die „Anstalt".

13. 4.

Spieltriebgeld

Er spielt als Skander 7 gegen einen Chinesen. Grundstruktur: „Gegner zerstören", „Kampf gewinnen". Er war bisher in der „königlichen Arena (Nr. 7)", hat Sorge, wieder abzusteigen, kann „aufleveln", hat „Clan-Kameraden". Jede Karte kostet Elixier. Sein Turm hat 2534 Leben. Es gibt: den Lavahund, die legendäre Karte, … . Er zittert: „Ich habs geschafft, ich bin Arena 8 („Gefrorener Gipfel"), ich freue mich!" Jetzt, in der höheren Arena, kann er das Sonderangebot nutzen, 9, 99 Euro mit dem fünffachen Wert (Magietruhe ca. 7 Euro, 12000 Gems 10 Euro, 100000 Gold 37 Euro).
Die Gems braucht er für das Walküre-Angebot.
Er wird sie gleich kaufen, die Google-Play-Card für

15 Euro, dann bleiben noch 5,01 Euro für das
nächste Mal. Bisher hat er 15 Euro gezahlt,
sein Klassenkamerad 1000 Euro.

14. 4.

Aus dem Wörterbuch der Zeitgenossen:
„gruselig“, „ganz entspannt“, „Achtsamkeit“.

Wo und warum hat eigentlich die „Staffel“
ihren Stab verloren?

Die Lammkeule geschwungen! Die Gaumensegel
gehisst! Auf ins Diesseits! Essen die neue Religion.
Die Dinge von ihrem Ende her sehen oder:
Der Griff ins Klo.

18. 4.

„Eine der bedeutendsten....“. Eine der verlogensten,
aufgeblasensten grammatisch- syntaktischen Figuren.

Das Literaturhaus ist Programm

Da gibt es auf der einen Seite facettenreiche und flammende Argumente für die zugleich kostbare, *unendlich* schützenswerte europäische Identität in ihrer Komplexität, auf der anderen kulminiert und oszilliert eine Lichtung aus Intensität, Anselm schillert und funkelt wie ein Quarzstein auf dem Grund eines Flusses, während Kushner tropisch glitzert. Einprägsame, eigenwillige Sätze bekommen handfesten Zuwachs; man hat die Wahl, eine kleine Wanderung zu machen oder einer ungeheuren Wahrheit auf die Spur zu kommen. Hoch poetisch und einfühlsam ist es in jedem Fall, fabelhaft und kongenial, ein hinreißender Schlagabtausch oder eine geruhsame und genaue Topographie des Durchlebten, diabolisch hintersinnig und von universeller Dringlichkeit, die Symbiosepotenziale von Gegenwartslyrik erforschend.

Was tut der Kulturmarktschreier? Er schreit.

„Linientreue" allenfalls auf diesem Blatt, wenn es denn hochtrabend „Treue" sein muss.

24. 4.

Die neuen drei K: Küche, Katze, Kabarett.

Tunnelrosen gekauft. Kompositum gelernt.

24. 5.

Lehrer Garten. Der Zwergbambus wächst an der Bodensperre, am *Rand*, besonders (be)drängend.

Die All-Hypertrophierung des Bildbereiches „Markt". Allüberall: der Zaunkönig Kunde.

Aus dem „Beilagerfeuer" Funken schlagen!

26. 5.

Drei Bände und doch ungebändigt.

28. 5.

Fußballhochamt

Bengalisch grölende Kathedrale. Prozession. Eine Vestalin an der Spitze, die die Monstranz trägt. Die Zelebranten, an der Hand die Ministranten, alle im Ornat. Hymne. Kultische Handlungen im Innenraum. – 90 Minuten Zwischen-Spiel. – Altar. Goldene Statistinnen auf den Treppenstufen. Im Zentrum die Monstranz. Erneute Prozession. Zeremonieller Ablauf, Übergabe. Höhepunkt: der Kuss. In hoc signo.

4. 6.

Eine der Grundfragen: Alles muss raus! Oder: Gedachtes gewinnt als Gesagtes eine falsche Qualität.

10. 6.

Früher war alles besser: Das Telefonieren war teurer.

25. 6.

Ein kurzer Blick in die Welt des Frackhemdknopfes. Exotik, wohin mann knöpft.

Neues Geschäftsmodell: Hundehochzeiten.

7. 7.

Heißes Angebot: der Kühlbox-Hocker.

Mit Gefühl. – Sie hat gefühlt jedes Buch angefasst.

Noch einmal Lichtenberg F 1026:
Alles Tun in -eln nichts wert? Grübeln, handeln.

8. 8.

Du brennst für...? Obacht! Geld löscht Feuer.

Den „Spülsaum" von der See mitgebracht.

5. 9.

Er verbarg sich in der dritten Person.

Die Aporien führten ihn in einen Ausweg.

13. 9.

Als hätte Kraus nicht geschrieben. –
Das „Kräftemessen" beim „Waffengang".

Warum beöhre ich den „Respekt" so misstrauisch?

24. 9.

„Ganz entspannt" ist sie so oft und so hartnäckig,
bis auch der Letzte das Gegenteil bemerkt.

Groteske Arabeske am Walsonntag: Die Wahl der Qual.

8. 10.

Helfersyndrom

Der Unternehmer. Hat bei allem, was er unternimmt,
„Spaß". Immerzu „hilft" er: wenn einer seine Firma
an ihn verkaufen muss, wenn er einen von

12 Angestellten dabei übernimmt (dem er 50.000 zahlt und der ihm „150.000 bis 200.000 bringt"), wenn er seinen Schwiegersohn, der die Erwartungen nicht erfüllt hat, aus der Firma wirft. Morgen nach Tunesien. Er wird sich dort tragen lassen; der Träger „freut" sich, weil er damit Geld verdient.

13. 10.

Wenn ich mir etwas „sichern" soll,
könnte ich etwas *ent*sichern.

25. 10.

Was ist das primum comparationis für die Erlebnisberaterin auf dem Wohlfühlschiff?

1. 11.

Der Dummheit letzter Schluss: die Majorisierung durch Minoritäten.

2. 11.

Ein guter Tag. Politiker X entlassen: Er hat einer Frau ans Knie gefasst. Vor 15 Jahren. – Was müssen wir glauben? Was dürfen wir hoffen?

5. 11.

Gestern „Weingenuss mit Wow-Effekt hoch drei",
wie ich heute lese.

Aufgeklärt, wie wir sind, denken wir nach.
Nach wem?

15. 11.

Das Berufsbild des Influencers.

Du machst ein Schnäppchen? Du bist ein Schnapp.

Eine dünne Frau mit hagerer Stimme.

18. 11.

5 Uhr früh; es feuern die Neuronen;
Spatzen auf Kanonen.

Die Institution:
Er war ihr Gesicht, aber nicht ihr Kopf.

Kopflos ist, wer seinen Kopf verliert.
Ist gesichtslos, wer sein Gesicht verliert?

Das passt wie die Faust in der Tasche.

28. 11.

Er hat „die Kalbshirn-Piccata zum kongenialen
Partner eines blauen Hummers erhoben."
Kongenial. Partner. Erhoben.

15. 12.

Das neue Distinktionsmerkmal:
„Ich habe alle Weihnachtsgeschenke
im Einzelhandel gekauft."

Hochstapellaufbahn.

„Die Schere öffnet sich." Das tut sie nicht von selbst,
ich habe es eben ausprobiert. Und gegen alle
metaphorische Vernunft schneidet sie,
wenn ich sie schließe.

Herbstzeitlose

Er ist an der Tanke.
Sie ist an der Kasse.
Es ist an der Zeit.

26. 12.

Wer möchte leben ohne den Trost der Kerzen?

31. 12.

Verwünscht, verwunschen. – Fürs neue Jahr:
Chino Ciwood und Candiani Denim und Slipon-Coat
und Porto-Hoodie und Sneaker Belville und Frock
Coat und Jolifanto Bamblabla.

Welternährungsproblem Nr. 1:
Immer mehr Kinder übergewichtig.
Welternährungsproblem Nr. 2:
Immer mehr Kinder verhungern.

Auch diese Maßnahme werden wir zeitfern
umgesetzt haben.

2015

2016

2017

2018

2. 1.

Er hing an ihr wie an seinem Ladekabel.

Das Entscheidende geschieht bei *leerem* Bewusstsein, gerade weil es *nicht* passiert.

Es muss eine Alternative zur Alternativlosigkeit geben.

Der neue Widerstand:
die Welt aus dem Algorhythmus bringen!

Der technikaffine Mensch; die humanaffine Technik.

Der Grenzstrom zwischen dem Notablen und dem Innotablen, mal breiter, mal schmaler, mal Rinnsal, mal überschwemmend mächtig. Und die Quelle und die Hochgebiete der Schneeschmelze und die Zuflüsse? – Im Geheimnis halten! Zuklappen!

9. 2.

Auch das Akademische durchkapitalisiert. 142 papers mention mich. Ich klicke bis zur Credit card.

Eine Mail an das „Vorzimmer" des Autors und die Suche nach dem Ironiesignal.

13. 2.

Tellergerichtstag halten. – Sie schickt ständig ihre Speisefotos, und ich soll sie verdauen.

Er müsste daran glauben.

14. 2.

Der Wasserbeschaffungsverbandsvorsteher und die Spitze der Vernunft. – Er wird, neu gewählt, für „vernünftiges" Wasser sorgen.

Der gute reminder ist trendy.

Der Torjäger hat eine Schaffenskrise.

27. 2.

Was der Tag mir vorträgt. –
„Die tollen Menschen" (ganz ohne Nietzsche), die großartige Sachen machen.
„Wir müssen die Probleme der Menschen lösen."
Das „christliche, unideologische Menschenbild" der FAZ-CDU.

28. 2.

Krass, die Inflation von „genau"!

Wenn erst „schütter" zum Euphemismus wird.

Die Seele altert. Bis sie unsterblich wird.

Alles froststarr, Kältewelle. – Was denn nun?

Gedankenversunken? Gedankenerhoben!

5. 3.

Worte, die gehört verhallen.

Ich werfe aus dem Glashaus Steine und
sammle die Splitter.

Die Autorin erfindet sich selbst neu, indem sie sich an
einem spannenden Narrativ abarbeitet.

12. 4.

Seine Ansichten vertreten, seine Beine.

Vergangenheitsvisionen.

Zum Teufel mit seiner Leuteseligkeit!

27. 4.

Nass gemacht. Die Maus mit dem Faden ausschütten.

„Dieser frische Weißwein, der lange auf der Zunge
nachklingt, hätte Hannah Arendt sicher gemundet,
sie hätte das frische Spiel der Geschmacksnuancen
entdeckt und geschätzt." Auch der Konjunktiv
kaputtbar.

2. 5.

Abwehrscharlatanerie.

6. 5.

„Für das geistige Wohl ist gesorgt."

Mit der Kopfstimme der Überzeugung.

Warenwelt 1:
Der Juwelier weiß, welcher „Kordeltyp" sie ist.
Warenwelt 2:
Die Sitzknochenvermessung auch im Vermiss-mich-Set
für Zuhause.

Meine private Energiekrise. – Gestern flossen mentale Energien (Abramovicz), heute fließen soziale Energien, und ich stehe am Rand der Flussläufe, mit meiner Verdrängungsenergie.

Gegen den Strich. – Im geliehenen Buch
ohne Bleistift lesen.

Die raren Zeiten der Hellhörigkeit. –
Lautsichtigkeit erproben. Dunkelhörigkeit erproben.

11. 5.

Realitätsverlust. – Vergeblich versuchte er sie wegzuklicken, die Fliege auf dem Bildschirm.

Quod non est in wikipedia, non est in mundo.

Die Billigkategorie „anders",
die Selbstbetrugskategorie „gleich".

10. 6.

Geschäftsfeld Hüften.

Noch zur Wahrnehmungslehre am Beispiel der Augen,
sogar jetzt auch bei der *Linsen*suppe.
Das lässt tief blicken.

Richtiger: Jeder ist sein *Un*glücksschmied.

15. 6.

Hüften lügen nicht, wie der Journalist meint?
Sie tun nichts als das. Trust me!

2. 7.

„Sein vielleicht wichtigstes Buch":
seine vielleicht erbärmlichste Formulierung.

7. 7.

Schaut auf dieses Dorf! – In Vitell sieht man die
Zukunft des Wassers im Höchstkapitalismus:
Sie haben keins, aber „Vitell" verkauft es ihnen.
Erst das Wasser, dann die Luft.

23. 7.

„Bodenständig also." Welcher Boden, welcher Grund.
Boden-Satz. Ein Luftsprung darüber? Ein Versinken?
Bodenverhaftung.

29. 7.

Weit schwieriger noch: um die Ecke *fühlen*.

9. 8.

Aus dem Staub in die Binsen.

Ist jetzt das Fliegen lachsmäßig popularisiert oder der Lachs flugmäßig?

25. 8.

Kein Tanz, kein Vulkan. Zügig Runden drehen auf einem Gletscherabbruch, und wärmer und wärmer.

11. 9.

Transposition. Am „Ende vom Lied“
wird nicht mehr gesungen.

Die Tagessatirezeitung. Der Jagdverband,
der neue Jäger sucht, wird Naturschützer ausbilden.
Die Baumhäuser im Hambacher Forst entsprechen
den Brandschutzverordnungen nicht.

Wer schützt uns vor den Brandschützern?

17. 9.

Bestiarium in an old manner. – Wenn es für die Katz ist, auf den Hund gekommen zu sein, ist der Wurm drin.

Keine Oden, keine Fahrpläne. Lies das Rädchen rechts oben auf dem Display. Das ist heute die richtige „Einstellung“.

8. 10.

Schlimm, wenn das „Volk“ zum „Mob“ wird.
Schlimmer, wenn der „Mob“ zum „Volk“ wird.

13. 10.

Die „Ohrenweide“ liegt irgendwo auf der Hand.
Eindringlicher wäre das Gegenteil der „Weide“,
das ich mir als ein Stoppelfeld von Kreissägen denke.

22. 10.

Der Körper mit seinen unübermerkbaren
Verschleißerscheinungen. (Wie) verschleißt Geist?
Der Geist bemerkt den Körper;
wer bemerkt den Geist?

13. 11.

Vomierneigung, wenn der Börsenfritze von
„Souverän“ spricht.

Viel welkes Fleisch, ungnädig unbedeckt.

22. 11.

Sich der Resilienz erwehren.

23. 11.

Gilt, dass die Extreme sich berühren,
auch von der Hyperklugheit einerseits?

Utopisches Herzdenken:
Der Zungenkuss der Muse, dabei kopfüber Hals.

Muss es gleich ein -ismus sein? Geht es nicht kleiner?

27. 11.

Nichts erstrebte sie mehr,
als ihre Kunst in den Fiskus zu rücken.

29. 11.

Sein Haar war ausfällig geworden.

Zu wahr, um schön zu sein? Oder: So schön,
dass es wahr wird.

6. 12.

Der sonnige Versuch, bei bedecktem Himmel
über den eigenen Schatten zu springen.

Flucht in die Zeit.

Hinreichend viel zu sehen, das den Begriff
der Scheularve rechtfertigte.

Tracht und Niedertracht.

Die mit Oberwasser in Unterzahl.

16. 12.

Dass sie es „unter dem Herzen" trägt,
damit fängt die Falschheit schon an.

17. 12.

Und bald öffnet sich die Tür zum
„Wahlleistungsbereich" nur noch für
„Wahlleistungspatienten", also die mit dem

entsprechenden Chip unter der Haut.
(Macht alles einfacher!)

21. 12.

Ein herzerwärmendes Schmunzeln umspielte ihre Mundwinkel. Krass, dachte er.

23. 12.

Aus dem Nachlass der Neuen Frankfurter Schule:
Zu Weihnachten kriege ich Gänsehaut.

Weihnachten – das Fest der Parodien.

27. 12.

Unter den vielen Wünschen ist der für einen „phantastischen Jahresendspurt" der spurtlichste, wenn nicht der meistbietende.

Windei

Den Schneebesen im Regen stehen gelassen.
Zu sonnigem Gemüt verdonnert. Alle Wetter!

Ins Smartphone diktiert: hurra in Katar – hora incerta.

30. 12.

Und wenn die Singvögel weniger und weniger werden: die Zwitscherbox für 39,90 Euro.
(„Kinder, hört mal. Diese Töne haben früher kleine Flugtiere von sich gegeben.")

2016

2017

2018

2019

3. 1.

Apple verfügt über eine *treue* Kundschaft.
Wie gesagt: *verfügt*!

An. will zum 50. auf eine grandiose zweite Lebenshälfte trinken.

Ihre „Fürsorge" ist seine „Bevormundung".
Es gibt Wahrheit überhaupt nur im Plural.

Anmeldung beim Arzt. Immer *darf* ich: ausfüllen, hinsetzen, abgeben, in Zimmer 2 gehen, warten.

11. 1.

Kursorische Klappentextlektüre. Der eine schreibt „mit Wärme", die andere „mit großer Wärme". Da hilft kein Klimawandel und keine „Temperatur der Vernunft" (W. Mauser), wir wollen es herzwärmend.

21. 1.

Katarakt-Op. In weißen Bademänteln auf Fahrstühlen schlangesitzen. Tür auf, Tür zu, dritter sein. Tür auf, Tür zu, zweiter sein. Tür auf, Tag Herr Jandl. Komödie der Einäugigen.

25. 1.

Etwas vom Beklagenswerten:
der Firnischarakter der Kultur.

Plädoyer für das Einsilbige. – „Bald“ (statt „zeitnah“), „schon“ (statt „bereits“), „nur“ (statt „lediglich“): Breit treten die Silbenschinder auf.

Der Feminismus wird erst gesiegt haben, wenn auch die Computer weiblich ist.

27. 1.

Die vielleicht vielleichteste Journaille.

1. 2.

Und, ja, diese syntaktische Verstärkerfigur breitet sich, ja, wie ein Virus aus.

Er sammelte sich, und in der Sammelbüchse war – nichts.

Lautere Fragen eines stillen Charakters.

10. 2.

Auch das ist möglich: aggressiv immersiv.

17. 2.

Kollege X.: Konzilianz ist nicht seine Schwäche.

18. 2.

Kann die Sonne angehimmelt werden?
Kann *nur* die Sonne angehimmelt werden?

18. 3.

Zum Wohl. – „Kommst du wohl!“
„Er kommt wohl.“ „Ihm war nicht wohl.“

Das Gegebene und das Genommene.

Der Teufel wohnt im Detail,
gleich neben dem Kämmerchen Gottes.

8. 4.

Das schwule Pärchen, das stille Kämmerlein,
und das geheimnisvolle Diminutivchen.

20. 4.

Alle Menschen werden Schwestern.

Klimawandel: noch erst die Spitze des Eisbergs,
und bis zuletzt.

Völker, seht die Signale.

22. 5.

Schreiben erlöst den Gedanken.

29. 5.

Zu wem betet die Netzgemeinde?

30. 5.

Er stürzte tief: Er ging der Sache auf den Abgrund.

Eine Herausforderung. – Morgens der Freund, kurz
vor seinem Tod. Abends zu hören ertragen:
„Der Tod ist eine Herausforderung."

Die Papierschere zwischen Arm und Reich.

Nicht geerdet, aber gestählt.

Im Wechselbad der Gedanken.

1. 6.

Nicht ein, aber aus wissen. Ist das ein Fortschritt?

Er war ganz trocken nassforsch.

20. 6.

Ich werde gewesen sein, sage ich zu
Memento-Moritz. Der mich überleben wird.

24. 6.

Physische Gewalt – strukturelle Gewalt –
algorithmische Gewalt.

25. 6.

Einfache Fragen eines Ignoranten:
Wie hältst du es mit dem Markt?
Was macht Zeit zu Geld?

Jedenfalls hat er zwei Druckknöpfe, der Markt:
Verängstigung und Verheißung.

Widerstand gegen den Konventionswiderstand!

Eine Muckibude für Vorstellungskraft.

8. 7.

Eine to-forget-Liste anlegen.

12. 7.

Klimawendehammer.

Belegexemplar. – Das Restaurant am Brentanohaus in Östrich-Winkel bietet eine Goethe-Platte an.
A: „Ist das auch belegt?"
Der Kellner: „Ja, Schinken, Gurke… ."

5. 8.

Sie arbeitet an ihrer Bräune.
Das würde sie weiterbringen.

Was sich der 16jährige in Berlin wünsche (gemeinsame Städtereise)? – Einen Beyond-meat-Burger zu essen. (Er kennt die genaue Aussprache von „beyond" und ist auch da unnachsichtig.)

Ohne WLAN ist sein Leben ein Irrtum.

25. 8.

Sind einfallslose Gedanken gedankenlosen Einfällen vorzuziehen?

Greta segelt nach Amerika. Ohne Dusche.
Aber mit einem Filmemacher.

10. 9.

The old man and the sea. – Der Blister zerknautscht, der Urlaub verlebt.

20. 9.

Der „Klimawandel" ist zum „Waldsterben" verurteilt.
Der Satz reizt mich, aber ob er erlaubt ist?

22. 9.

Der Körper: Was man besitzt, versteht man nicht;
aber besitzt man denn? Man ist besessen.

26. 9.

Tags an O.s Sterbebett, nachts im Feuer der Synapsen.
Herr im Haus? *Es* denkt. (Wenn man es denn
„denken" nennen will.)

9. 10.

Das Kapital schlägt zurück: Enteignung über Negativzins.

Sinn wie Geld stiften.

12. 10.

Das bürgerliche Zelebrantentum.

Zum Totalitarismus-Kapitalismus. – Maria Laach
investiert 13 Millionen: „um touristisch
wettbewerbsfähig zu sein".

Unsere Gesellschaft wird immer toleranter,
sie ächtet nur noch die, die es verdienen:
SUV-Fahrer und Fleischesser.

Die Argumentationsabteilung der Post, das Charity
Unternehmen Facebook. Verdummt noch mal!

Man könnte wissen, dass da Schlachten geführt werden, es sind ja officer.

Der Ausgang aus der selbstverschuldeten Untätigkeit.

Der „Teufels“kreis. Die Sprache bringt es an den Tag. Sofern ihn niemand umnachtet.

Meinung und Deinung: Körper und Geist.

16. 10.

Ein silberner Oktober.
Wer könnte da verschnupft sein?

In die Apokalyptiktasten greifen. Ein starkes Stück.

Der alte Philosoph. Ein Mann, der tat.

Endzeit. Enddarm.

Über den Greta-Hype erhaben sein. Sein oder Haben?

18. 10.

Ist „entfristet“ „fristlos“?

27. 10.

All das Sägliche.

Von Sorgen überwölkt.

Widerstandsbekämpfungsleistung bei der
„Orientierungswertüberschreitung".

24. 11.

Gewöhnlichkeit, und aber ohne Wonnen.

9. 12.

Flugscham. Fleischscham. Sprechscham.

In der Klimawandelhalle hin und her, hin und her, hin
und.

Wir preisen Gott in der Höhe ab.

24. 12.

Die goldenen 68er. Da konnte man
Weihnachten noch kreativ verätzen.

Tat twam asi. – Ich stärke die Servietten.
Dann sind sie geplättet. Ich lege sie flach.

26. 12.

Wer ist Hamster? Wer ist Rad? Und wer dreht? –
Aber wer stellt das Bild bereit?

30. 12.

Kälte klärt.

Wenn der Fort-Schritt vom Weg abkommt.

O du mein holder Gender-Stern.

2017

2018

2019

2020

7. 2.

Er freut sich auf die Heute-Show: Er ist politisch.

9. 2.

Warum und wann ist ein Schlucker arm?

11. 2.

Zu erfinden: Olfaktographie.

Wahrheit ist Arbeit.

21. 2.

Eigen- als Liegenschaften. – Er schüttete sein Herz aus. Mit allem, was ihm daran lag.

Was macht eine These „steil“? Woran zieht eine Hechtsuppe? Was ist an der Kloßbrühe klarer als die Alliteration?

Er hat sein Troja mit einem Steckenpferd erobert.

Den Hedonismustaumel abhören!

24. 2.

„Verhängnis*leer*“ würde man sich wünschen.

10. 3.

Corona? Heftige Kursverluste. Klimaschützer mit klammheimlicher Freude.

Er verstand es, ihn zu zerherrlichen.

13. 3.

Sie wussten die Siegerinnen zu verdämlichen.

Ausgangssperre: gestern undenkbar,
heute denkmöglich, morgen Realität.

18. 3.

Lebensmittel wird als Kompositum wieder erkennbar.

20. 3.

Administrativer Bewältigungsversuch:
Die Allgemeinverfügung vom 20. zur Änderung
der Allgemeinverfügung vom 18.

Ist die Versammlungsfreiheit nicht aufgehoben,
wenn sie eingeschränkt ist? Und doch!

22. 3.

Wird es danach wie vorher sein?
Und ist das zu wünschen?

25. 3.

Heute noch erst *denkbar*: Vulnerabel,
also eingesperrt.

30. 3.

Alles „verschoben", aber „gut aufgestellt",
so verben wir uns durch die „Ruhe vor dem Sturm".

4. 4.

„Irgendwie“ oder besserschlimmer noch: „irgendwo“,
„keine Ahnung“.

19. 4.

In dem Maß, in dem man sie seltener zurücklegt,
nehmen die Entfernungen zu.

30. 4.

Verbotene Alliterationen;
obenan „Frieden und Freiheit“.

6. 5.

2021 wird das verschobene 2020,
wie man allenthalben hört.
Wie wird sich 2021 dagegen wehren?

15. 5.

Herdenimmunität. – Er ist seit je gegen Herden
immun. Hat er etwas falsch verstanden?

17. 5.

Der Verband der Reisebügeleisenhersteller
fordert Hilfen vom Bund, weil systemrelevant.

8. 6.

Der Markt, der unersättliche Retter.

Wo aber Corona ausbricht, wächst das Rettende
auch: der Hygienehaken. (Aldi, 99 Cent)

9. 6.

Er druckste sich inhaltsleer „an dieser Stelle“ aus.

Er hat seine Jacke zurechtgetragen.
Jetzt hat sie seinen Buckel.

11. 6.

Er wurde an das Verdienstkreuz geschlagen.

Sie schug die Augen nieder. Er hatte sie ihr geöffnet.

Was langweilt die Leere? Warum gähnt sie?

16. 6.

Menschlich. – Die Jury lobte die „Menschlichkeit“ ihres Werks.

Das Äquivalent zur „Schattenseite“ in den Sprachen tropischer Länder?

22. 6.

Hamsterverkauf.

23. 6.

Deutsch sei Dank: Gott als four-letter-word.

1. 7.

Was fehlt: die Akustikfotografie.

Das Letzte. – Kater-Kremierung. „Das ist das Letzte, was wir für ihn tun können.“

Abstandstänzchen im Frühstücksraum.

Er war ein Leidwesen.

6. 7.

Ich schreibe nicht wie ein Gott.

10. 7.

Vernunft, extrem. – „Eine vernünftige Session."

11. 7.

Redsam und schweigselig.

12. 7.

Maskenpflicht am FFK-Strand?

15. 7.

„Schwarzarbeit" unter Rassismusverdacht.

3. 8.

Nie *mehr* auf der Hut als vor dem, der dich „schützt"!

Der Algorithmus gratuliert. Es kommt von Herzen.

Mens sana. – Er hat einen Astralkörper, weiß aber nicht, was das ist.

Zwischen Zuvorkommenheitsforderung und Einschüchterung: Achtung vor dem „Respekt"!

Nur für Bibelfeste. –
Was macht Malchus mit der Maske?

17. 8.

Klicken, bis es zum Äußersten kommt,
zur Kartennummer. Der Moment der Wahrheit.
Geld als der Schein von Wahrheit, den wir
statt ihrer erreichen können.

22. 8.

Er fing Feuer: Sie sprach einen Brandsatz.

6. 9.

Sie arbeitet an der Beziehung. Das saugt Energie ab.

12. 9.

Findet etwas statt, was „nur digital" stattfindet?

13. 9.

Da muss ich erstmal mit meiner App sprechen.

Der diabolische Euphemismus:
„Rechtsmodifikationen".

Ich lese und lerne: „Buchbegeisterung" ist „abrufbar".

24. 9.

Trübe Aussichten. Oder blendende?
Was ist zu wünschen? Und wenn trübe blendeten?

Meditation: Ohrenmaß beweisen.

3. 10.

Der Stratege. – Er verstand es immer,
im „Gegenzug" zu sitzen.

Den „Wurm" und die „Ratte" der Illiteraten ersetzen:
Bücher*dachs*, Lese*biber*.

Die „Grenzüberschreitung" mit schärfster Ambivalenz.

8. 10.

Einschlägiges ohne Schlagkraft

Sein oder Haben. Schreibkraft sein.
Schreibkraft haben.
Der Kopfwerker, der schreibtischlert.
So schön, so naheliegend, und doch fehlt er
im Duden.

Das Unnötige ist möglich. Wer täte das Nötige?

Die somatische Totalquantifizierung. – 39000 Schritte gestern. Ist gut für den BMI.

Warum nicht den Laubbläser zum Denkobjekt machen? Seine dröhnende Kraft im Missverhältnis zu den fünf Blättern, die er bewegt. Die Laut*stärke* und die Schwäche in diesem Verhältnis. Mit dem Besen gegen die Klimakatastrophe. Das mittelbare Einwirken; ohne Kontakt mit dem zu Bearbeitenden: Schwert und Drohne.

11. 10.

Die Festplatte im Festgewand.

„Geld bedeutet mir nichts", lebte er.

Oberflächlich. – Eine ehrliche Haut.

14. 11.

Unlösbare Frage. – Wünschenswert,
wenn die Kopfarbeit nicht Hand und nicht Fuß hat?

29. 11.

Ob der Schwerverletzte das Verletzende der
Metapher „Verletzung" empfindet?

Schlicht bekleckert. – Er hat sich
„schlicht und ergreifend" „mit Ruhm bekleckert".

Seine agonale Disposition kompetitiv schattiert.

2. 12.

Windows zwingt mich vor der Arbeit zur Herausgabe
diverser Daten, statt mich mit meinem Gerät arbeiten
zu lassen. Endlich heißt es: „Geschafft! Windows
gehört ganz Ihnen. Viel Spaß."
Wem hat es gehört, bevor ich „es geschafft habe"?
Gehört es mir ganz?

14. 12.

Spruchreif. Gewusst, ehe es gefunden war.

27. 12.

Dem Totalitarismus in den Eskapismus entfliehen.
Flucht in die zweite Impotenz?

Sie waren je ihr Interrogativ.

30. 12.

Mit den Genderinnen zu den Sternchen greifen!

2018

2019

2020

2021

1. 1.

Die leuchtende Dunkelziffer.

Ja, wachsen die Bäume denn nicht in den Himmel?

2. 1.

Frage: Wie ist die Schutzbegründung dafür,
dass es die „Schutzbegründung" nicht gibt?
(Aber es gibt die ja jetzt.)

In Grotesk

Bückware – Streckware – Hardware.
Leergut – Weingut – Vonnegut.
Tintenfisch – Zwiebelfisch – serafisch.

Im Eskapismus sich bergen.

Kontrafaktisch. – „Kein Problem!" „Nichts passiert!"

9. 1.

Er hangelte sich mit der Sorge von Tag zu Tag.

7. 2.

„Er wandte sich dem Schreiben zu." Buchenswert.

Alles kann man vor Augen haben. Außer der Brille.

16. 2.

„Lebendig erzählt"? Zum Totlachen.

27. 2.

Man hat ihm den Altersprozess gemacht.
Jetzt tut er keinen Satz mehr.

7. 3.

Ob ich „am Ende des Tages" „ein Stück weit"
„bei dir bin", „das treibt mich um".

Er demaskierte sich. Alle waren empört.

13. 3.

Auch schlecht. – Er hatte keinerlei Nachurteile.

Wenn die junge schwarze Lesbierin von jemand anderem als von einer jungen schwarzen Lesbierin gespielt würde, würde mich das als alter, weißer, binär kodierter Mann verletzen.

Gedacht fühlt er sich gut.

14. 3.

Vor dem Aperitif ein Selbsttest.
„Dann fühlt man sich freier."

15. 3.

Diskussionsbeitrag

„Genau! Halt irgendwie sozusagen total unglaublich." Oder war es so: „Irgendwie halt total unglaublich sozusagen; genau." Oder so: „Sozusagen genau unglaublich total irgendwie; halt!"

20. 3.

Es sind die Positionen für die Teilnehmer der FFF-Demonstration zu markieren. Die alte Moral verbietet es, Mehl, also Nahrung, auf den Boden zu schütten. Die junge Moral gebietet es, auch dafür nur Biomehl zu verwenden.

27. 3.

„Das berühmteste Gedicht der Welt (A. Gorman)." Muss man das kommentieren? Wenn, dann nur mit dem berühmtesten Kommentar der Welt:

31. 3.

Er war ganz Eimer: Sie schüttete ihr Herz aus.

1. 4.

Bräsig-toxisch, wie sich einzelne Attribute in den Medien selbst vermehren.

Er besuchte sie von Test zu Test.

9. 4.

„Trauen wir uns, Mensch zu sein."
(Werbung für J. Zeh) Sofort Schnappstöhnen.

16. 4.

Was hat das „denn" denn getan, dass das „weil" es so verdrängt hat, weil es ginge doch mit „denn" auch ohne Inversion?

Die Mittel profanieren den Zweck.

Transitiv. – Der Tod trat die Tür ein.

Ich würde sagen: Komm ins Indikativische, Freund!

24. 4.

Die Gaumensegel setzen. Volle Fahrt hinab.

Es riecht aus dem Volksmund.

29. 4.

Er schmückte ihn mit Schweigen.

Heute zum ersten Mal das Phänomen des Trostkaufes
am eigenen Geiste erlebt. Corona-Folge.

30. 4.

15 Monate Darben. Endlich Sekt am Pool!
Endlich Mallorca!

Die Grenze der Umsicht. – Im Rücken oder
im Nacken? Das ist die Frage.

Tonlos. – Über „totraumreduzierte Kanülen"
im Männer-Gesangverein.

12. 5.

Der neue Tarif „erleichtert mein Leben."

Er hielt eine Ausrede.

16. 5.

Streichfall. – Fromme Wünsche machen einen Heidenspaß.

Den „Sinn", den sie ihm wünscht, hat er schon gefunden. Er „holt" sich eine Uhr von dieser Firma.

Warnung: Einige Inhalte dieses Buches könnten für Leser:innen unter 60 Jahren eine psychisch verstörende Wirkung haben. Einige Inhalte dieses Buches könnten für Leser:innen über 60 Jahren eine physisch verstörende Wirkung haben.

Kann man „abhärten" aus dem
Preußischen übersetzen?

10. 7.

Die kleinen Fragen. – Können Gefühle „im Spiel" sein? Und wenn es sich zuunrechtgeruckelt hat?

12. 7.

Wir leben in einer Welt, in der es einen Markt für Uhrenbeweger gibt.

Unerhört: Sprachmoralprediger.

Hirnflatulenzen: Sein Bauchgefühl stieg ihm zu Kopfe.

Die bittere Pille und die Schluckbeschwerden.
Aber bei wem?

Nachhaltigkeit: Die Natur hält alles nach.

25. 7.

Das Buch der Natur sehenden Auges
zum Blindband machen.

Warburg (Cum-Ex):
Es gibt ein Menschenrecht auf Betrug.

13. 8.

Der Klima- als Sprachwandel.
„Starkregen" im Duden erstmals 2006.

TM-Tagebuch: „Champagner, Kaviar." Es reizt mich alles zu dem Gegeneintrag: „Bier, Blutwurst".
Leider mag ich weder das eine noch das andere.

4. 9.

„Bombensicher"; drohnensicher.

16. 9.

Was wir brauchen:
eine Monographie über „Brauchen".

„Follower" sind doch „Gefolge", oder?

Bei „platt-" bietet mir Google als erstes
„Plattenepithelkarzinom" an. Ich sollte besorgt sein.

Ich weiß: Alles, was er nicht weiß, ist zu wissen
nicht wichtig, denn sonst wüsste er es ja.

17. 9.

Man kann auch sein Schweigen übers Knie brechen.

Von einer ruhigen Kugel geschoben.

Kursorisches Lesen in Heft XXVII: Eigenbluttherapie.

8. 10.

Gute Nachricht für Hartz-4-Empfänger:
Der Satz steigt im Monat um 3 Euro.
Gute Nachricht für Spitzenverdiener nach dem Willen der FDP: Sie werden steuerlich entlastet. – Um 3 Euro?

29. 10.

Der Schuhpflug durch das trockene Herbstlaub:
eine akustische Madeleine.

30. 10.

Ihr die Ringe unter den Augen an die Finger stecken.

5. 11.

Selten schön. – Ist sie noch so wie 1971, die Cattleya im Baumarkt für 7,99 Euro, Triumph der All-Entwertung?

10. 11.

Immer neue Wörter, neue Bedeutungen:
Booster-Impfung. Dauerwelle.

19. 11.

Der fliegende Teppich – bodenlos.

Der Sprung im Teller: über die Klinge in den Graben.

22.11.

Kategorien: erkenntnisbildende Verfälschungen.

27. 11.

Nicht nur die Briefkultur, die Zeitkultur ist dahin.

29. 11.

Infiziert, wie unvermeidlich. – Sprechen:
Das, was vorschwebt, erden.

4. 12.

Selbstbeobachtung zeigt mir, dass die Feinmotorik nachlässt. Wann lässt die Selbstbeobachtung nach?

Gibt es spiritualitäts-affine Agnostiker?

Lesekatze. – Dem Image der Ratte kann die „Leseratte" immer weniger aufhelfen. „Genau!"

10.12.

Stößt das, was zufällt, zu? Es fällt. Aber mir zu.

Botoxische Weiblichkeit. Schmallippig aufgespritzt.

Entwicklung als Abwicklung.

13. 12.

Kurze Zeit Nahrungsentzug (Koloskopie):
tags begehrliche Blicke auf den Obstkorb, nachts im

Traum an der Imbissbude – immer sind andere an der Reihe – die drei Kartoffeln in der Schüssel nicht bekommen. – So wenig zu Geist und Körper und Schiller.

Skandal! Alle Frauenrollen mit Männern besetzt! Intendant gefeuert!

16. 12.

Wie wäre das: Askese als Ekstase?

17. 12.

„Sehr geehrte Damen, Diverse und Herren."
„*Die* Menschen." Bin ich da mitgemeint?

21. 12.

Argumente gewichtet die Zeit.

Phobiker brauchen Phantasie.

Diktatur des Gefühls. – Sie fühlt sich verletzt. Sie fühlt sich unsicher. Er fühlt sich als Frau. – Ich fühle mich wehrlos.

Er schlug die Zeit tot. Aber sie war eine Katze.

23. 12.

Zur Gänze halb richtig:
Wir glauben, was wir glauben *wollen*.

Vorzeitige Paläologismen:
toxisch, nachhaltig, achtsam.

26. 12.

Trübe Aussichten?
„Zuversicht für das Aktienjahr 2022!"

Fürwahrnehmungen, wie es zutreffend heißt.

Kann ein Wahrzeichen lügen? Und ein Logbuch die Wahrheit gesagt haben?

Der größte Triumph des Kapitalismus: dass er den Kopf seiner Gegner total erobert hat.
Thunberg? Eine perfekte Geschäftsidee. Corona?
Ein gigantischer Coup der Pharmaindustrie.

Von der Radmutter zur Lastenradmutter.

Hausse für Spektakel, Bild, Musik; Baisse für das Wort!

Versuch über Gorman. – Zuoberst gekehrte Performativität. Die Autorin als Schausprecherin.

29. 12.

Flughafen, Security. Sie fingert mein Tagebuch aus der Tasche. Kein Sprengstoff. Selbst Nietzsche hätte passiert.

Brecht, ein früher Gefühlsdiktator.
Er sah seine irreligiösen Gefühle verletzt.

Stehende Ovationen von gestandenen Honoratioren.

31. 12.

Ohrenweide, verdorrt.

Tragödie. – Sinn „blüht" – im Gegensatz
zu seinem Gegensatz – nicht.

2019

2020

2021

2022

1. 1.

Weiter im Text. Der Jahreswechsel ist
noch nie prolongiert worden.

Wo denken Sie her?

Lauben. Börsen. Stuhl. Gang.

Ernüchterungsbeilage.

Was hat das Diminutivum nur angestellt,
als es aus dem Häuschen war?

Das ältere Ehepaar am Pool hat sich fortwährend
noch viel zu sagen: „Europäische Hauptstadt mit
sechs Buchstaben?"

2. 1.

„Vor 50 Jahren erreichte die Moderne ihren
Höhepunkt." (FAZ) Wusste ich nicht.
Das genaue Datum werde ich googlen.

Heidenreich oder Hegewald – eine Frage der
Buchanschauung.

6. 1.

Abstand und Maske: Zu dieser sozialen Grundregel
hätte es Coronas nicht bedurft.

9. 1.

Die Gemeinde der Letterngläubigen.

Einen literaturkritischen Essay mit dem Titel
„Ebenda" planen.

Das Objekt mag wechseln, der Song ist unsterblich:
„Kommt, lasset uns anbeten!"

12. 1.

Er hat einen Coach, einen Personaltrainer und eine Imagedramaturgin. Braucht er in seiner Stellung.

Er trank heimlich Milch und predigte öffentlich Hafer-.

Zum Teufel mit dem venerischen Maskulinum.

14. 1.

Ich bin zusammen alt geworden.
(Nach M. Teste, Valéry)

Selbstbild. Die Alten nannten es Gewissen.

Liegenschaften. – Er erlag seiner Stellung.
Sie erlag ihre Stellung.

Die Nachbarin freut sich „so" auf den „Bergdoktor". Das „so" bekräftigt sie mit einem winzigen Freudensprung, aus den Knien und ohne den Kontakt mit dem Boden zu verlieren. Wie recht sie hat! Für die Tageszeitung ist die neue Folge das Großereignis.

Der Glaube an die Sprache der Politik endete mit dem „Wohlfahrtsausschuss".

15. 1.

Im Limbus neben den Fleischessern und den Milchtrinkern die Papierbuchleser.

20. 1.

Mein Antidepressivum mit Suchtpotenzial: Lineae.

Zwei kapitale Rätsel gibt die „Buddenbrooks"-DVD für 1,08 Euro auf: der Fast-Nichts-Wert (1 Euro), die absurde Exaktheit (0,08 Euro).

Früher begann der Tag nicht mit der Inzidenz (773 heute).

30. 1.

Sinnfragen. – Möchte man als „feinsinniger Verfasser" verbleiben? Seit wann gibt es eigentlich die allfälligen „Störgefühle"?

Alternative Kausalitäten in Trumps USA. – „Wir haben gewonnen. *Deshalb* müssen Sie noch 11000 Stimmen finden."

Binse: Die Negation als Position.

Ham Se's nich 'ne Nummer kleener? – Sie „beschäftigt sich mit der Konstruktion und Kommunikation von Macht, Krieg, Patriarchat und Zensur".

6. 2.

Wer ergreift, wenn ich ergriffen werde?

Über*hand*nehmen ist nicht das Schlimmste.

11. 2.

Zu alten Ufern. – Wer da vor mir geht und mit sich
redet, ist tatsächlich verwirrt: Das Telefon fehlt.
Die da vor mir geht und sich das Ohr hält,
hat tatsächlich Ohrenschmerzen: Das Telefon fehlt.

In der Warenwelt: In der Holschuld leben.

Bruchprobe. – 1 Ab- und Zukunft. 2 Er bricht. Ab.
Und zu. Auf. Und wovon?

Nur gelegentlich explizit. – „Das will ich nicht wissen."

Sanktioniert. – Sie besteht darauf, ‚binär kodiert' und eine Frau zu sein.

Aus der Unwarenwelt. – Der Pelzmantel von gestern der Lederschuh von morgen?

14. 2.

Mit Kanonen auf Pisten. – Auf (Natur-)Schnee ist der Wintersport nicht mehr verbreitet.

Journalismus in Zeiten der sozialen Medien. – „War Steinmeier gedopt?" „Brachte Scholz außer Helmen noch Heftpflaster mit?"

24. 2.

Einmarsch in die Ukraine. Nichts ist so alt
wie die Zeitung von heute.

Fedor Stepun („Als ich russischer Offizier war"),
1. Weltkrieg, vor 14 Tagen aus dem Regal gegriffen,
prophetisches Gelegenheitslesen: „Eine ganze Reihe
von Dingen kann nur durch das Wahnsinnigwerden
begriffen werden."

3. 3.

Vom Herausgeber zum Wahlleistungsberechtigten
mit Zugang mutiert.

Die junge Chirurgin in Meidsprache:
„Eine Zyste oder etwas anderes".

Wie der „Zeitgeist" den Geist deformiert. –
Fast hätte ich „Mitgliederinnen und Mitglieder"
statt „Mitglieder" als Änderungsantrag eingebracht.

6. 3.

Demokratischer Lackmustest. –
„Darf man noch Tschaikowsky spielen?"

„Was macht das mit dir?" – Ein lauter Knall
(Explosion?) in der Ferne. Bomben? Raketen?
hätte ich mich vor einem Monat nicht gefragt.

10. 3.

„Besondere Kennzeichen: keine."
Er war zutiefst enttäuscht.

12. 3.

Schlimmer noch:
Auch an Vordergedanken ermangelte es ihm.

20. 3.

Selbstreferenzielles Dentalereignis. –
Der Zahn der Zeit nagt am Zahn.

Mangel an Mehl? Nun gut. Aber Mangel an Papier!?

27. 3.

Mit der „militärischen Kultur" und einer „anständig
und ehrenhaft kämpfenden Armee" im Kopf
von General B. fängt es an.

1. 4.

„Feiern": Die Jungen jedes Wochenende sich selbst,
die Alten „alle Jubeljahre" einen runden Geburtstag.

Es rollen Köpfe. Aber es fließt kein Blut.

„Wenn die Begriffe nicht richtig sind… ."
Mit Konfuzius gegen die „Spezialoperationen"
„unfreundlicher Staaten".

4. 4.

300 ermordete Zivilisten in Butscha. 17 Sekunden
lang ein 12. Mann auf dem Platz.
Die Bundesliga ist erschüttert.

10. 4.

„Zweierlei Gnaden." – Kerstin, 58, Coach,
geierköpfig, wittert von Zeit zu Zeit mit ihren
enormen Nüstern, indem sie die Augen kurz schließt
und den Kopf leicht zurückwirft.
Selfie. – Renata, 60, Referentin ganz in Pink, legt ihr
Köpfchen mit der weißblonden Kurzhaarfrisur als
Schwätzensbegleiter pointiert an die starke
Schulter ihres dümmlich grinsenden Mannes,
mit einer Miene, die sie sich als jung-süß vorstellt.

14. 4.

Wenn dir einer etwas „verrät": „sichere"
Dir Misstrauen!

Der bedeutende Mann trauert publizierbar bedeutend
(M. Walser).

17. 4.

Schlaflos mit ungelösten Problemen. Mythologie:
Die Vorgeschichte des Asche-Phönix.

Pluralbildung: Ein Auge zudrücken;
die Augen zudrücken.

24. 4.

Die phantasielosen Konjunkturritterinnen.
„Sie besteigt als Richard III. den Thron."

Was bleibet aber, stiftet der Garten.

27. 4.

Neue Stufe der Gewöhnung: der Mann der
ukrainischen Nachbarin der Klavierlehrerin ist *gefallen*.

Eilmeldung: Bundespresseball mit Honigkuchen
nach ukrainischem Rezept.

23. 5.

Es gibt nur ein Vertun.

Mobilitätswende: Einbahnstraße.

Entscheidend: der Rückschritt im Fortschritt.

Fragwände. Zeitwände. – Und ab, also auf,
in die Kryptothek!

24. 5.

Die Omnipotenz des Stolzes, hier:
auf den Besitz eines silbernen Zahnstochers.

Weiter mit der Entomolexikologie:
Übergewinn. Vollpräsenz.

3. 6.

Er *dachte*: Wow!

Im Osten nichts Neues, im Westen auch nicht. Kulturvertrieb

I „Größer, lauter, bunter." „Queerfeministisch, antirassistisch." „Tolle Performer*innen … auch ohne Tanzerfahrung", aber „nackte Körper in ihrer ganzen Stärke und Fragilität." „Kollektives Ritual, utopische Hymne".
II Rap-*Sensation* aus der *Ukraine*. „Märchenhafte Matriarchin".

18. 6.

Alles total total. (Lange die Wortstellung erwogen.)

Prompt flog sie aus der Kurve, die sie eben noch gekriegt hatte.

Das Hotel bietet „aus ökologischen Gründen" keine tägliche Reinigung mehr an. Ich biete einen Nachlass auf den Zimmerpreis, aus pekuniären Gründen.

20. 6.

Documenta: nachhaltige Stelzenkunst.

Altern: jedes Telefonat ein Bulletin.

Besetzt. – Telefonat mit der Rezeption des
4-Sterne+Hotels, 10.20 Uhr. Die Anrufbeantwortende:
„Die Rezeption ist von 8.00 Uhr bis 22.00 Uhr besetzt."
Hoffnungsträger. – Die russische Chefkommentatorin:
„Der Hunger ist unsere Hoffnung."
Zeitmagazin, blattfüllend: Transition. Ich blättere mich
durch: „Die Klitoris funktioniert."

26. 6.

Die allgemeine Distinktionsversessenheit.

Er verlor das aus dem Auge,
und er hatte kein zweites.

16. 7.

Der Synästhesie sei Dank: Es gibt ein unerhörtes Blau!

25. 7.

Lindner oder die Porsche fahrende
Mitte in Deutschland.

Die Neue Medizin: Statt des Befundgesprächs nach
dem MRT ein QR-Code.

8. 8.

Preisfrage: Wie sieht ein Dirndlhirn aus?
Auf jeden Fall schlechter, als es klingt.

19. 8.

Terminologien sozialer Gliederung. – Petrifiziert: Klasse. Per se provokativ: Rang.

23. 8.

Er hatte am Ende sogar auf den Zähnen eine Glatze.

Reichtumszeugnis. – Schon der Begriff geniert. Also ablegen.

Das ist so einfach: „Das ist einfach so!" Die assertorische Kraft des Faktischen.

9. 9.

Er hat alles übergeben, sich eingeschlossen.

15. 9.

Krieg der Begriffe. – Besetzt. Befreit.

Worüber man nicht redet oder: Geschweig über Bäume. – Wieviel mehr als „nach dem Munde reden" wiegt „nach dem Munde schweigen"!

Wunschausdruck (für eine zu wünschende Sache): Das geht an der Banalität vorbei.

Pleonasmus, unzufällig doppelt gemoppelt. – Stillschweigen bewahren.

Ist das klug, dass „schlau" jetzt bis auf Ministerebene „klug" ersetzt?

Ich würde meinem treuen Papierkorb ein Denkmal setzen, wenn ich nicht wüsste, dass diese Bemerkung lichtenbergisch beeinflusst ist.

19. 9.

Dialektisches Fronterlebnis. – Wir helfen Kriegführen, um Leben zu retten.

Die ungelösten Fragen der Menschheit. – Wie groß ist „ein Augenblickchen"? Und „ein kleiner Augenblick"? Und welcher von beiden ist kleiner?

24. 9.

Regenwald global; Rheinallee lokal:
Kein Gespräch über Bäume ist ein Verbrechen.

29. 9.

Nach der Flugscham jetzt die Heizscham … und das „erhabene" oder das „charismatische" Flanellhemd.

18. 10.

Achten wir auf „das Vertrauen der Märkte"!

Die Lebenschancen der Nicht-Nonbinären sinken.

Dekadenz oder Auf der Suche nach der Substanz hinter der Performanz. – Der Buchpreis mit dem Dank ans Mütterchen, einem lustigen Liedchen und einer läppischen Rasieraktion. (Früher war mehr Blut.)

Verscherzen wir uns nicht?

21. 10.

Ein geselliger Abend

Er wird immer für jünger gehalten, als er ist. Bei einem seiner Karrieresprünge, vor Jahrzehnten, hielt man ihn für 38, dabei war er schon 42!
Er hat seinen Beipackzettel mit den Karrieredaten und den Buchtiteln immer in der Brieftasche.

Was tragen Sie beim Schreiben?
- ein generierendes Liberty Hemd Tapestry
mit Einstecktuch
- die inspirative Ivy-League-Indoorjacke,
rahmengenäht
- adressatenflexible Loch-Ness-Jogging-Cargopants
mit Inventionsgürtel
- dazu tritt- und stilsichere Trondheim Derbys
über fabulösen Cordsocken mit authentischer Patina.

Es sei denn, man wird gezwungen:
Der Grund der Feststellung:
Hauptfeststellung
Nachfeststellung
Artfortschreibung
Wertfortschreibung
Art- und Wertfortschreibung
Nachfeststellungsartfortschreibung.

2. 11.

Wenn „ein Fehler aufgetreten“ ist,
hatte er dann einen Auftritt?

Splitter und Balken. – Er stieß auf selbstgefälligen
Sozialhedonismus mit Haltungsschäden
und Dekoneurose.

13. 11.

Zwei Vortragskulturen: Gedichtvortrag –
Verlustvortrag.

Aufputz: Das Gefährliche toxisch,
das Gefährdete vulnerabel.

21. 11.

Zu Weihnachten stopfen sie uns mit „Ideen“
wie Gänse mit Mais.

23. 11.

Mit dem Knappenschlag zufrieden sein:
mal darfst du es, mal musst du es.

27. 11.

Was vom Tage bleibt. – Klimaterroristen aktiv.
Skandal: Menschen können nicht in Urlaub.
Die Frage, die Deutschland bewegt: Kimmich rechts
oder in der Mitte?

1. 12.

Vielleicht noch ein wenig Zukunfts-, aber keine Musik!

Schnell, effektiv, logistisch optimal:
Sie passt in unsere Zeit, die Verbrennung.

Warteschlaufe. Wagnerfanfare oder Fahrstuhlmusik.
Gilt „*einen* Moment Geduld" eigentlich als Lüge?

15. 12.

Vorweihnachtliches Angebotswürgen
schon beim Öffnen der Mails.

Gremienkriterium wo immer: Diversität.

Der Autor ist Literaturwissenschaftler und Aphoristiker. Er führt seit 1965 Reflexionstagebücher. Die vorliegenden Notate sind ein Auszug aus den letzten Jahren, der quantitativ wesentlich geringere Teil des Ganzen. Für den Druck ausgeschieden hat er vornehmlich Trivialdiaristisches, zu Privates, die Mehrzahl der Reise- und Lektürenotizen und Zitate, der Notizen zur laufenden wissenschaftlichen Arbeit und der autobiographischen Erinnerungen.
Voran ging 2013 „Minimaloffensiv. Aufzeichnungen 1986 – 2011" (Brockmeyer Verlag, Bochum).